编委会名单

策　划：马湘雨　　李先贵

主　编：马湘雨　　李先贵

副主编：刘伟军　　陈宏战　　梁　婷

编　委：宋秀辉　　蔡　佩　　刘泽团

　　　　关立涛　　陈宇坚　　王　宁

撰　稿：陈治艳　　邵建华　　王利伟

　　　　曹永明

OPEN HIDDEN
BOUNDARIES
INTERNATIONAL BUSINESS CASES
AND PRACTICE

打开隐藏的边界
国际商事案例与实务

中国国际贸易促进委员会佛山市委员会
佛山人民广播电台 编

暨南大学出版社
JINAN UNIVERSITY PRESS

中国·广州

图书在版编目（CIP）数据

打开隐藏的边界：国际商事案例与实务/ 中国国际贸易促进委员会佛山市委员会，佛山人民广播电台编. —广州：暨南大学出版社，2019.9

ISBN 978 - 7 - 5668 - 2704 - 3

Ⅰ.①打…　Ⅱ.①中…②佛…　Ⅲ.①国际商法—案例Ⅳ.①D996.1

中国版本图书馆 CIP 数据核字（2019）第 180309 号

打开隐藏的边界：国际商事案例与实务

DAKAI YINCANG DE BIANJIE：GUOJI SHANGSHI ANLI YU SHIWU

编　者：中国国际贸易促进委员会佛山市委员会　佛山人民广播电台
···

出　版　人：徐义雄
策划编辑：杜小陆　黄志波
责任编辑：黄志波
责任校对：冯月盈
责任印制：汤慧君　周一丹

出版发行：暨南大学出版社（510630）
电　　话：总编室（8620）85221601
　　　　　营销部（8620）85225284　85228291　85228292（邮购）
传　　真：（8620）85221583（办公室）　85223774（营销部）
网　　址：http://www.jnupress.com
排　　版：广州尚文数码科技有限公司
印　　刷：佛山市浩文彩色印刷有限公司
开　　本：787mm×1092mm　1/16
印　　张：13.25
字　　数：170 千
版　　次：2019 年 9 月第 1 版
印　　次：2019 年 9 月第 1 次
定　　价：58.00 元

（暨大版图书如有印装质量问题，请与出版社总编室联系调换）

作者简介

陈治艳，中国政法大学国际经济法专业学士，中山大学法律硕士，原一级法官，曾任广东省佛山市中级人民法院民事审判第四庭副庭长、涉外（港澳台）商事审判专业合议庭审判长，负责全市涉外（港澳台）商事审判业务指导。审理民商事案件逾4 000件，尤以涉外（港澳台）商事审判为专长；曾在国家级刊物发表《国际商事仲裁协议内容司法审查中的若干思考》等文章，《论对有缺陷的国际商事仲裁协议的效力的认定》入编《中国涉外商事审判热点问题探析》一书；所撰优秀裁判文书被最高人民法院刊物采用，承办涉外案件入选《广东省高级人民法院2014年度案例》。后调离司法机关从事地方立法工作。

王利伟，吉林大学法学院国际法系国际经济法学士，华南理工大学工商管理学院管理学硕士，广东众森律师事务所律师。自1997年从事公司法务工作以来，先后在中铁十三局一处、美的集团、雷士控股等从事法律顾问工作，历任美的集团法务部经理、高级法务经理、总监助理，雷士集团法务中心总经理等。曾任美的小贷公司风险委员会委员、开源证券股份有限公司监事。主要业务领域涉及建筑工程、融资租赁、发债融券、银行理财、保险索赔、企业法律风险管理服务、并购重组、上市公司业务、政府法律服务、知识产权管理、涉外业务、民商事诉讼等法律业务。

邵建华，毕业于北京大学法学院和沈阳师范大学外语学院，获得法学学士和英语文学学士学位。广东福德律师事务所主任，佛山市律协涉外专业委员会主任，佛山市国际商会副会长，广东省涉外律师领军人才。曾在锦州师范高等专科学校、中国人民武装警察部队指挥学院、广东职业技术学院任法学和英语教师。自2007年专职从事律师工作以来，以国际贸易、国际投资和国际知识产权保护为主要法律服务领域，先后处理过诉讼和非诉讼涉外案件近千件，为近300个来自全球主要国家的企业和个人提供过法律服务，对涉外民商事风险规避有深入的研究，对处理涉外诉讼和非诉讼案件有丰富的经验。

曹永明，兰州大学法律硕士，北京市盈科（佛山）律师事务所律师，股权高级合伙人。曾任美的集团法务部国际法务经理、宇通集团法务部涉外法律部门主任，负责企业对海外投资与贸易相关法律事务。2018年被评为"广东省涉外律师领军人才"和"司法部全国千名涉外律师人才"。以国际贸易与投资并购为专长，在处理企业"走出去"境外投资并购、国际贸易、融资、外商投资、法院诉讼和仲裁等法律事务方面具有非常丰富的实战经验。多次应邀参加外国诉讼仲裁纠纷，作为法庭专家证人，为国外法庭或仲裁机构提供中国法意见。曾赴伦敦参加"中国青年律师培训"项目，赴新加坡接受以国际并购交易为主题的培训，具有"一支团队，全球资源"优势。

序

打造更加规范的国际贸易朗朗乾坤

方利旭

佛山于广东，是一个神奇的所在：古代四大名镇，天下四聚之一，文有祖庙，武有叶问，清晖毓秀，古灶薪传，可以啖美食、逗醒狮、逛陶都，以广府文化发源地之名承"有家就有佛山造"之实，历史文化名城和现代化制造业中心都是她的城市名片。

2018 年，佛山仅以 3 868 平方公里的土地，实现地区生产总值 9 935.88 亿元、进出口总额 4 599.3 亿元。知识产权方面，佛山拥有驰名商标总量 160 件，位居全国地级市首位；专利申请总量仅次于深圳、广州，位居广东省第 3 位；综合经济竞争力位居全国第 11 位。前不久，广东省委、省政府印发《关于贯彻落实〈粤港澳大湾区发展规划纲要〉的实施意见》，明确要求"加快广佛同城化发展，形成一批具有全球影响力的枢纽型基础设施、世界级产业集群和开放合作高端平台，建成具有全球影响力的现代产业基地，打造服务全国、面向全球的国际大都市区"。凭借"一带一路"建设和粤港澳大湾区规划的东风，佛山再度激发出新的活力。

诚信为本、合法为基、市场为魂，粤港澳大湾区建设、广佛国际化大都市区科学发展亟须提升法治软环境。中兴华为事件以来，企业国际化合规经营备受关注。为保驾护航广东企业"引进来、走出去"，中国国际贸易促进委员会广东省委员会（简称"广东省贸促会"）秉承全省贸促系统"法律服务一盘棋"，积极补位政府不能做、市场做不了的空缺地带，着力发展涉外商事公益法律服务，积极发挥中国国际贸易促进委员会广东调解中心、中国国际经济贸易仲裁委员会广东办事处、中国海事仲裁委员会广州办事处等多元化纠纷解决平台作用，深耕政府有要求、企业有需求的国际商事纠纷解决领域，成功处理各类商事纠纷数百宗；自2012年开始在全省巡回培训外贸企业，讲授外贸法律风险防范、企业合规经营、经贸摩擦应对、知识产权维护等专题，8年来共授课100余场次，培训企业上万家；在经贸摩擦信息预警和案件组织应对方面搭平台、建机制，在全省设立了32个经贸摩擦预警点。在广东省贸促会的支持下，中国国际贸易促进委员会佛山市委员会（简称"佛山市贸促会"）设立了佛山国际商事法律服务中心、中国贸促会佛山经贸摩擦预警点。佛山的涉外商事法律服务创新务实、亮点频出，成绩令人欣慰。

当前世界正在经历百年未有之大变局，习近平总书记在首届中国国际进口博览会开幕式主旨演讲中做过论述："当今世界正在经历新一轮大发展大变革大调整，各国经济社会发展联系日益密切，全球治理体系和国际秩序变革加速推进。同时，世界经济深刻调整，保护主义、单边主义抬头，经济全球化遭遇波折，多边主义和自由贸易体制受到冲击，不稳定不确定因素依然很多，风险挑战加剧。"在经济全球化的进程中，百年未有之大变局或蕴含百年未有之大机遇。广东省贸促会将与包括佛山市贸促会在内的全省贸促系统一起，贯彻落实"不忘初心、牢记使命"主题教育精神，以习近平新时代中国特色社会主义思想为指导，坚持党的领导、坚持社会主义制度，推进更高起点的深化改革和更高层次的对外开放。全省贸促系统要善用国际国内两个市场资源，当好工商界"国际代言人"，帮助企业熟悉国际规则，善用法律意识思维并将这种意识贯穿整个制造、经营全过程，使"广东制造""佛山制造"能够"落袋为安"，以稳健步伐"走出去"开拓国际市场。

鉴于此，佛山市政府、广东省贸促会指导佛山市贸促会收集整理了企业在以往"走出去"过程中与合规经营有关的部分典型国际商事案例，提炼为这本《打开隐藏的边界：国际商事案例与实务》。本书以生动的案例为导引，以企业和法务的实用为出发点，引导读者分析常见国际商事行为的暗含后果，打开生硬的法规条文背后隐藏的边界，随手拈来，兼具趣味与说理，帮助企业更清晰地预测经营行为合法性。

如果佛山企业家跨过的荆棘、踩过的雷、经历过的经验教训能够为所有国际贸易的同行人、后来者警示前行道路，能够有益于避开法律、惯例、信用、欺诈诸多无形风险，那便是编者的初心与使命，也请诸君体谅本书或许存在的理论及实务错漏之处。

愿打开此书的读者，怀着对契约和信用的敬畏，得到启发助益，未来以更合规的行为、更昂扬的斗志、更充足的底气、更坚定的信念，共同打造更加规范的国际贸易朗朗乾坤！作为中华人民共和国成立70周年的献礼，是以为序。

2019 年 8 月于广州

（作者系中国国际贸易促进委员会广东省委员会党组书记、会长）

前　言

中国改革开放 40 年，佛山国际贸易从中国第一个"三来一补"企业——大进制衣厂起步，随着改革开放的大潮一路高歌猛进，2018 年全市外贸进出口总额约 4 599 亿元。佛山企业从帮外企代工到如今走出国门请人代工；佛山制造从叮叮当当的手工作坊产品到如今知名品牌享誉全球；佛山企业家们从洗脚上田筚路蓝缕到如今在国际商海纵横捭阖，佛山外贸已经走到了"买全球，卖全球"。

作为全球化的受益者，我们收获了巨大的红利，同时也在付出成长的代价，体验"成长的烦恼"。近年来，国际贸易保护主义抬头，佛山企业遭遇越来越多的贸易纠纷、贸易摩擦，2018 年 3 月开始的中美贸易争端就是其中的典型案例，这个过程波澜起伏，可以预计未来会持续较长时间。

通过对佛山企业遭遇的贸易纠纷、贸易摩擦案例进行分析，我们发现问题的产生既有企业对国际商事法律不熟悉的因素，也有企业家合规经营意识不强的因素，还涉及国际政治、地缘、文化、宗教等多种因素。

佛山市贸促会作为佛山"走出去"企业的娘家人，针对企业遭遇的国际贸易纠纷和摩擦问题，一直在通过交流、培训、咨询等多种方式，为企业提供国际商事服务，为此成立了专门的机构，并组织了 60 多人的国际商事法律服务志愿团，为企业提供公益服务，取得了不错的效果。

2018 年下半年，佛山市贸促会提出，新的时代要继续创新手段，把准企业脉搏，为企业提供更加精准的靶向服务，让贸促会更接地气，服务更有效。基于这样的考虑，佛山市贸促会通过与佛山人民广播电台（以下简称"佛山电台"）合作，发挥本地主流媒体的作用，甄选了佛山市国际商事法律服务志愿团的 4 名精英团员，结合佛山企业"走出去"过程中碰到的实际案例，策划制作了《国际商事二十二条军规》广播节目，通过通俗的语言解析，提醒企业注意国际商事风险。这一专题节目收集了 77 个案例，涉及国际商事的合同订立、合同履行、国际货物运输及国际贸易支付、知识产权保护等多个方面，许多案例是佛山企业"走出去"过程中遇到的血一般的教训。在佛山电台的通力支持下，这一广播节目每日播出 4 次，持续播出了 5 个月，还同步利用短音频、图文在佛山电台花生 App 和佛山市贸促会微信公众号推出，得到了企业界的热切欢迎和法律界的普遍好评，被外贸企业形容为一场"及时雨"。

为了向更多企业普及合规经营意识，我们把《国际商事二十二条军规》改编后结集成书，成为这本《打开隐藏的边界：国际商事案例与实务》，希望能够给更多"走出去"的企业一些启发。

"不经历风雨，怎么见彩虹"，成长的过程中必然会付出一些代价，关键是我们能够找到有效的方法。希望这本书能对企业成长有所助益。

值得一提的是本书 4 位作者——陈治艳、邵建华、王利伟、曹永明都是佛山资深的国际商事法律专业人士，他们长期以来都在国际商事法律服务第一线，接触过大量的企业案例，有非常强的实务操作能力，他们的一些思考对佛山已经"走出去"或者正在"走出去"的企业来说，具有很强的指导意义。

本书在编辑过程中，得到了广东省贸促会和佛山市政府领导的关心和大力支持。许多法律界、企业界的专家朋友也提出了一些宝贵的意见与建议，在此一并表示感谢。

编　者

2019 年 6 月

目　录

第三章　国际货物运输及国际贸易支付

第四章　知识产权保护

第五章　公司运作及管理

第六章　"一带一路"投资风险

第一章

合同订立

签字的法律效力

签错一个字，后果很严重。

我们聊聊"签字"的话题。签字，是指在文件、纸张等物品上亲笔写上自己的名字。作为公司管理层人员，经常要在一些文件上签字，签字意味着同意、认可、接受文件的内容，这项工作才能推进下去。但不是每个人都能清楚签字的法律意义和后果，有的签字可以让人负债累累，有的签字可以让人承担刑事责任，有的签字可以歪打正着地帮助签字人。

以下三个案例，可以让我们更直观地了解"签字"可能带来的后果。

佛山人何某在香港开了一家公司，以香港公司之名向佛山一家风扇制造企业采购价值400多万元的产品销往韩国，后来产品质量出现问题，多次引起消费者投诉，产品因此大量滞销，无法收回货款，导致香港公司无力支付佛山风扇制造企业的货款。为了追回货款，佛山风扇制造企业诱使何某签署了《欠款确认书》，然后据此到佛山的法院提起诉讼，一口咬定是何某个人而非其开办的香港公司采购了产品，何某应对400多万元货款承担清偿责任。法院最终以"债务加入"（指第三人通过一定法律认可的形式，承诺由该第三人履行债务人的债务，本案例中何某即为该债务的第三人）为由，判决何某支付400多万元货款。最终，何某所有的房产被拍卖抵债。其实，何某如果不在《欠款确认书》上签字，完全不需要对公司债务承担个人责任。拿到终审判决结果后，何某极其后悔地说了一句话："吃一堑，长一智，只是这个代价有点大。"

一位做财务总监的朋友，她曾任职的公司要融资上市，投资公司要求公司高管在投资协议上签字作为担保人，她与其他几位高管没有多想就签字了。资金注入后，由于投资人与原始股东无法融合，离心离德，导致上市计划流产直至公司破产。投资人依据协议要求这些签字高管承担担保责任，这位朋友最终因这次签字赔了两套房产。债还没有还完，债主继续追债，为了躲债，她只好转移自己名下所有值钱的财务，就连之后在新公司任职所得的工资，也不得不汇入其孩子的账户。这位朋友后来向我讲起这件事时后悔不已，深刻认识到不懂法律知识早晚会吃亏的道理。

几个月前我办结一件承揽合同纠纷案件，案情很简单，债务人接近破产，无力偿还合同款项。债权人委托我起诉对方，拿来了一堆资料。我在翻阅时发现客户的公章印记模糊，就问其双方主体资格问题，客户不好意思地告诉我，他公司的印章是假的，因为公司注册成立日期晚于双方合作开始日期，客户用一个未经工商部门批准的公司名称与对方生意往来，最后被工商部门告知该名称不能用，但对方对此不知情，已经认准了这个公司名称。业务每天在进行，对方欠款也在逐日增加，客户将错就错，干脆刻个假公章与对方签署了总协议，并且签上了自己的大名。就是这个签字满足客户作为原告的主体资格，因为依据法律规定，公司未成立，发起人应对公司设立前或设立过程中的行为享有权利和承担义务，因此客户在总协议上的签字使得这个诉讼变得不那么复杂，歪打正着地帮助了客户一把。客户暗自窃喜，但也表示纯属侥幸。

大公司有钱请法律顾问，在"外脑"的帮助下可以有效地预防低级法律风险，但小公司可能要完全依靠老板个人能力判断法律风险，这就有点为难老板们了。不管怎样，我们还是应该加强法律知识的学习，以免吃大亏。

（作者：曹永明）

厕所里的商业诈骗

横看成岭侧成峰，远近高低各不同。
不识庐山真面目，只缘身在此山中。

2013 年，伊朗客人 Mohesen 委托律师起诉沈阳某公司，请求该公司返还货款 26 万美元。理由是货不对板，沈阳某公司交付的货物远远不符合标准，根本无法使用。代理律师通过企业信用信息系统查到了沈阳某公司的工商登记资料。工商登记资料显示，该公司存续，登记住址是韩国城 2523 房。代理律师审查了相关证据，决定起诉。Mohesen 还嘱咐代理律师：您先到沈阳某公司去一趟，和他们交涉一下，如果对方同意，可以和解结案。

代理律师信心满满地来到沈阳，按照工商登记资料上面记载的地址寻找沈阳某公司，走进韩国城 25 层时发现，所有房间都有房间号牌，不过没有 2523 房。代理律师急匆匆地找韩国城的物业管理公司，物业管理公司工作人员告知：该层 2523 号不是房间，是厕所！伊朗人上当了，26 万美元丢了。

无独有偶，2018 年 3 月，国内某公司委托律师代理起诉重庆某公司，请求返还定金 18 万元。代理律师查询到重庆市某诚信大厦 1314 房是该公司的登记地址。当律师来到某诚信大厦时发现，这家公司也登记在厕所里。这个国内公司的 18 万元定金也打了水漂。

以上两个故事的戏剧性都集中在企业地址登记的问题上。

其实，各个国家工商登记的做法、法律效力和公信性是不同的。

从登记机构主体上讲，有些国家由行政机关进行登记，有些国家由行政机关授权民间组织进行登记，有些国家由行业协会进行登记。

各个国家工商登记的内容也不尽相同。有些国家要求必须有真实的经营场所；有些国家工商登记不要求有经营场所，有的不要求有真实的经营场所；有些国家的经营场所可以只有一张办公桌，甚至只有一个门或者一个箱子；有些国家，一个地址、一间办公室或者一个门里面可以登记多个公司。

最近几年，中国工商登记的公信性也在不断弱化。由于法律没有要求工商行政管理机关确保其审核公示信息的真实性，企业信用信息系统也标明其公示的信息只能作为参考。也就是说，无论是工商行政管理部门还是企业信用信息系统，均没有法定的义务保证其公示的信息具有公信的效力。

因此，国家企业信用信息系统公示的资料只能作为参考，不能以行政信用替代企业信用。生意人最保险的做法仍然是通过自身或者借助社会力量对合作伙伴的信用做全面而深入的调查。只有这样，才能确保规避这类风险。

郑板桥说："一片绿阴如洗，护竹何劳荆杞。仍将竹作笆篱，求人不如求己。"用专业的人做专业的事，最好找一个与你利益一致，又有专业知识和技能的人帮你完成那些你做不到、做不好的事情。

（作者：邵建华）

有一种责任，叫产品侵权责任

北方有句俗话，叫做"人家偷驴，你拔橛子"。意思是说，驴是别人偷的，你手里拿着拴驴子的橛子，当然免不了惹祸上身。

我给大家讲一个伍老板因为来样加工合同被告到美国法院的故事。

伍老板在佛山开厂，生产小家电产品。2017 年美国客商 Smith 与伍老板的工厂签订采购合同，由美国客商提供设计方案和图纸，由伍老板的工厂负责生产 200 件空气加湿器。生产、交货、付款，一切顺利。

半年后，伍老板的工厂收到来自美国加利福尼亚州某法院的传票和原告的诉状。原来，200 件空气加湿器卖到了美国之后，原告作为消费者在使用空气加湿器的时候着火了，烧伤了人，烧坏了财物，请求伍老板的工厂赔偿损失 60 万美元。

加利福尼亚州某法院判决伍老板赔偿财产损失 10 万美元，人身伤害损失 30 万美元。理由是，伍老板生产的空气加湿器造成火灾，给消费者造成损失，伍老板作为生产者不能证明产品的设计、生产没有瑕疵，应当承担产品侵权责任。

那么，什么是产品侵权责任呢？

多数国家的法律规定，产品给消费者造成人身或者财产损失的，生产者和销售者应当承担侵权责任。这个责任就叫做产品侵权责任，也可以叫做产品责任。手机电池爆炸致人受伤是典型的产品侵权责任。

那么，生产者必然不能规避产品侵权责任吗？

对于消费者来说，是的。但对于来样加工的委托人或者采购方来说，则不一定。

伍老板是不是最终要承担责任，或者能否将责任转嫁给来样加工的委托人（即采购方 Smith），关键看双方到底是一个什么样的合同关系。合同关系不同，合同当事人的权利、义务的内容就不同，权利、义务的边界也不同，由合同产生的法律责任当然也不同。

基于以上案情，伍老板与 Smith 之间可以设定两种合同关系：来样加工合同关系、货物买卖合同关系。

如果伍老板和 Smith 之间签订的是货物买卖合同，那么在本案例中就形成了典型的生产者、销售者和消费者之间的关系，伍老板作为生产者赔偿美国消费者的损失则是理所应当的。

如果伍老板和 Smith 之间签订的是来样加工合同，那么作为加工方，伍老板就只对产品符合设计方案承担合同责任，不对设计方案的瑕疵承担任何责任。赔偿消费者损失的责任就应当由设计方来最终承担。

那么，伍老板该如何规避这类产品侵权责任呢？

如果伍老板正确处理以下事项，就能够规避生产者产品侵权责任：

（1）明确生产者与采购方之间是来样加工合同关系，不是买卖合同关系。

（2）明确产品的设计方案由采购方提供，设计缺陷造成的损失由采购方承担。

（3）明确证明设计方案无瑕疵的举证责任由设计方承担。

总之，不管跟谁签合同，一定要弄清楚自己跟对方是什么关系，哪些是自己的权利、义务和责任，把自己的权利保护好，给自己的义务和责任画一条红线，做一个边界，这样才安全。绝不做"人家偷驴，咱拔橛子"的事情。

（作者：邵建华）

两个字母，让他倾家荡产

君子慎始。差若毫厘，谬以千里。

《易经》中的这句话意思是说，做事要小心谨慎，一个小的失误可能会导致大的灾祸。

我给大家讲一个王老板因为两个字母的差错而倾家荡产的案例。

2016 年的某一天，王老板通过电子邮件，从一家印度公司采购 3 000 部手机，商量好了，定金 120 万元。第二天，王老板又与国内某手机销售商签订了 3 000 部手机的销售合同，收到定金 135 万元。第三天，王老板收到电子邮件，要求将 120 万元打到指定账户。王老板欣喜万分，马上打钱。

可是，三个月过去了，印度公司仍然没有交付货物。

王老板通过电话与印度人交涉。印度人说，没收到定金，没有生产，也不能交货。王老板将付款凭证传真给印度人。印度人核对后告诉王老板，印度公司的名称是 Sameer LLC，王老板打款的受益人名称是 Sameer Ltd，账号当然也不对。国内手机销售商将王老板告上法院，法院判决王老板赔偿双倍定金 270 万元。

王老板被骗了，他长期经营积攒下来的家底赔了个精光。

王老板为什么会倾家荡产呢？其实王老板失败的原因只在两个字母上。

LLC 和 Ltd 之间只差两个字母，都是有限责任公司的意思，翻译成中文甚至没有分别。但是，只要它们登记的名称不同，在法律看来，它们就是两个主体、两家公司。表面上看只差两个字母，其实驴唇不对马嘴，风马牛不相及。

这个故事告诉我们，要想做买卖，必须明察秋毫、见微知著。最起码要知道对方是谁，你得知道你在跟谁做买卖！

你可能会说："我当然知道呀！我们认识好多年了，经常泡在一起，连他老婆我都认识。"那么我问你，你知道他的真实姓名吗？你知道他的出生年月日吗？你知道他的住址吗？你知道他的身份证号码吗？你知道他是哪国人吗？你知道他的护照号码吗？你有他的身份证双面复印件吗？你有他的护照复印件吗？如果你不知道、你没有，就不要说认识人家。你认识人家，人家可能不认识你。最关键的是，你不知道这些，法律也不能确认你认识他。

还有，如果对方是一家企业，你还要知道人家公司的全名、住址、法定代表人、登记号，最好要有他们的营业执照复印件。不然，你不知道对方是谁，到了法院你都不知道告谁。

那么，怎样才能知道对方是谁呢？

一般情况下，有对方的身份证双面复印件、护照复印件或者营业执照复印件就可以了。如果有必要，可以请律师对他进行深入调查。如果买卖大，可以请律师和会计师对他进行尽职调查，了解他的资格、资质、资产、财务、诉讼、税务、人员等信息，还得让律师、会计师签字盖章，制作尽职调查报告。

请记住，了解我们的交易对象是规避风险的开端，也是交易发生的前提。

其实，在交易的任何阶段我们都应当明察秋毫、见微知著、了如指掌，所谓"知己知彼，百战不殆"。

（作者：邵建华）

公司的名字也有李逵和李鬼

远看忽忽悠悠，近看飘飘摇摇。

到底葫芦还是瓢，原来光头洗澡。

这段话的意思是说，世事颠倒，阴阳混淆，商业欺诈的手段莫名其妙。

我给大家讲一个阴阳公司的案例。

2015 年，南非丘比特公司在中山某法院起诉中山市某电子有限公司货物买卖合同纠纷案，因被告主体不适格，被驳回起诉。驳回起诉的意思是，法院认定南非丘比特公司无权起诉中山市某电子有限公司，他们告错人了，法院不接受其起诉。

南非丘比特公司老板 Cubit 拿着一审判决书找律师咨询，询问上诉有没有机会打赢官司。

律师在研读了全部诉讼文书和材料之后了解到以下案情：

南非丘比特公司在 2013 年通过形式发票的方式与××Electronics LLC 签订 500 部手机买卖合同。形式发票是全英文的。形式发票中的卖方是××Electronics LLC，联系地址是中山市某街某号，电话和传真号均为中山市的电话号码。南非丘比特公司曾经多次派人访问中山的这家公司。收款账户是香港某银行××Electronics LLC 的账户。南非丘比特公司一直认为××Electronics LLC 是中山市某电子有限公司的英文名称。签订形式发票后，南非丘比特公司向上述账户支付了定金 8 万美元。因五个月后仍然没有一部手机交付，南非丘比特公司向中山市某法院提起民事诉讼，请求中山市某电子有限公司双倍返还定金。

在开庭审理的过程中，中山市某电子有限公司主张，形式发票中的××Electronics LLC 是一家香港公司，形式发票中的收款账户是该公司的香港账户。中山市某电子有限公司不是合同的当事人，不是适格的被告，意思是说，南非丘比特公司告错人了。

另外，相关证据显示，香港公司和中山公司的股东是同一个人。

律师告诉 Cubit，这是一个典型的阴阳公司的案例。形式发票中卖方的名称是香港公司的名称，地址是中山公司的地址，联系方式是中山公司的联系方式，收款账户是香港公司的账户。因为形式发票是英文的，买方误认为该香港公司的名称是中山公司的英文名；因为很多内地公司有香港的银行账户，买方误认为香港的银行账户是中山公司的账户。

虽然南非丘比特公司一直以为自己在与中山公司签合同做生意，但是因为形式发票中卖方的名称才能代表卖方的主体，所以形式发票上的卖方才是真正的卖方。

因此，中山法院判决没有错误，上诉是没有用的。正确的做法是以中山某法院的判决书为证据，聘请律师到香港起诉××Electronics LLC。

听了律师的话，Cubit 又气又恼。为了中山的案子，南非丘比特公司已经花费两年多时间，花费律师费、公证费、认证费、案件受理费超过 8 万美元。如果再到香港起诉还要付出更大代价，即使打赢了官司，仍然不能弥补自己的损失。

Cubit 想得没错，打官司的时候一定要考虑诉讼成本的问题。

律师建议：

（1）搞清楚自己在与谁做生意的同时，在合同文本中也要正确标注合同主体的名称。

（2）合同最好是中英文对照的。另外，合同里还要约定，中国公司的名字以中文为准，外国公司的名称以其本国语言来表述。如果英文合同中的主体是日本的，主体的名称和姓名应当用日文来表述。

（3）对于主体的名称，应当由该主体提供证据证明其名称与主体相符。

（4）在起诉之前，应当聘请律师对相关证据进行研究和调查，把事情弄清楚了再起诉，避免诉累。

各位朋友，不管是做生意还是生活，不能只在自己的世界里思考问题，至少要在自己的世界和外面的世界中间思考问题，不然会犯错误的。

正所谓："横看成岭侧成峰，远近高低各不同。不识庐山真面目，只缘身在此山中。"

（作者：邵建华）

小心阴阳合同

蜀侯性贪爱粪金，填谷迎牛有五人。
但使惠王旌旗到，落得亡国又灭身。

这首诗说的是蜀国君主爱贪小便宜。秦惠王要攻打他，因蜀道难而不能进兵。于是，秦惠王命人将用石头做的牛放在谷口，放一些黄金在牛屁股下面，号称牛粪金。蜀侯为了得到牛粪金，凿山取石，将深谷变成平地，意图让石牛走进他的领地。于是，难于登天的蜀道变成了坦途，秦军因此一战灭掉蜀国，蜀侯遭遇亡国灭身的惨剧。世人嘲笑蜀侯因小失大，就有了上面由我创作的小诗。

我给大家讲两个因为阴阳合同而吃大亏的案例。

2008 年，席卷全球的金融危机爆发后，美国房地产价格一落千丈，给中国投资者带来置业美国的大好机会。佛山某公司与 Johnson 签订合同，购买其在纽约州的写字楼。合同约定，全部税费由佛山公司承担。在签订正式合同后，佛山公司突发奇想，向 Johnson 建议签一份阴阳合同，将合同金额少写 300 万美元，以减少佛山公司税费 10 万美元。

房产过户一个月后，佛山公司收到传票。佛山公司涉嫌骗税，被追究刑事责任。佛山公司在美国的投资以失败告终。

2012 年，马来西亚张约翰来中山投资。为了长期在中国做生意，张约翰夫妇在中山某小区购买二手别墅一套，实际价格为人民币 530 万元，而向房地产登记部门提交的二手房买卖合同的成交价为人民币 390 万元。在房地产权变更登记之后，张约翰发现实际能够使用的土地面积少了50平方米，于是向当地法院提起民事诉讼，要求返还部分房款。

在诉讼中，法院发现，双方签订了阴阳合同，有严重的偷税行为，相关方应当补税并承担行政责任甚至刑事责任。张约翰只有两种选择，要么忍气吞声白白丢掉50平方米土地面积，要么承担法律责任。张约翰损失惨重。

依法纳税是公民的法定义务，偷税漏税应当承担法律责任。不管在中国还是在外国，这些都是必须遵守的铁律。

佛山公司和张约翰的错误在两个方面：一是贪小便宜，二是违反法律。

法律就像一个大大的笼子，公民就像笼子里的鸟儿。笼子对于鸟儿来说是一个大大的约束，限制了鸟儿高飞的范围；但是鸟在笼子里面是受保护的，是安全的。超出了笼子的范围，鸟儿面对的将是明枪暗箭，失去的不仅仅是自由，甚至是生命。

贪小便宜吃大亏是人们对蜀侯式人物的嘲笑和批判。这只是从策略的方面讽刺因小失大的不智。从智慧的方面来说，蜀侯的贪、张约翰的贪以及佛山公司的贪实际上是一种非分，是一种不厚道，是一种企图把本来不属于自己的东西据为己有的贪婪。

世界上没有免费的午餐，有获得就必然要有付出，贪图他人的财物，当然要付出代价。

法律是智慧和良知的结合，世间最高的智慧就是善良和公正，而善良和公正这样的智慧往往体现正大光明。

（作者：邵建华）

移花接木，偷梁换柱

现在的外贸行业竞争激烈，好不容易接到一个订单，却容易让人在开心之余放松了防备之心。殊不知，就在你被这即将达成交易的喜悦冲昏头脑之时，骗子早已布好局，就等你往里跳了。

下面讲两个关于外贸诈骗的小故事。

第一个故事，"移花接木"。

2016年春季中国（广州）国际茶业博览会在琶洲广交会展馆C区盛大开展。广东某茶业公司的张老板通过茶博会结识了加拿大贝思蒂公司派驻中国的销售人员山姆先生。双方以满意的报价，洽谈好了一笔80万元的茶叶兼茶具买卖合同。很快张老板就把盖好公司公章的合同原件拿给山姆先生完成合同签订手续，山姆先生也把签了自己名字的合同原件交回了茶业公司。

茶业公司依据合同备货、出货后，将相关单据寄送给山姆先生。然而付款期到了，加拿大贝思蒂公司却迟迟未付款。张老板再次联络山姆先生，却发现电话打不通，邮件也无人回复。山姆先生已经在茫茫人海中消失得无影无踪了。

张老板前往加拿大贝思蒂公司欲追回货款，但加拿大贝思蒂公司却以没有给过山姆先生授权为由，一口否认双方签订了买卖合同。

其实，在国际商务实践中，多数外国企业，特别是受英美法影响比较深的国家的企业没有在合同上盖企业印章的习惯，往往是由个人代表企业签名，签约人一般为企业负责人或者授权的员工、代理人。如果国内企业没有及时审查签约代表的授权情况，一旦外国企业提出签约代表未获得授权，不承认该合同对其有约束力的抗辩，国内企业就容易陷入被动。

第二个故事，"偷梁换柱"。

佛山某家具公司在广交会上接到了美国著名的伯特公司抛出的橄榄枝，欲购买一批最新款的办公家具，报价也非常合理，双方很快达成了交易意向并进入合同签订阶段。为谨慎起见，家具公司亦委托律师所调查了美国伯特公司的背景和资质，确实是美国一家实力雄厚的大公司。

正式签订合同的那天，家具公司的刘经理正欲提笔签名、盖章时，却发现合同抬头变成了香港伯特公司，字号完全一样，只是所属地区不同。美方的工作人员解释，这是公司为了减少税收等方面的成本，通过旗下香港公司名义来签约，香港公司只是过道手续，实际上还是美国公司来履行，这并不影响合同的交易。老道的刘经理沉思片刻，搁下手中的笔，借机起身上洗手间，立马致电律师。经律师提点，明白此中奥秘后的刘经理顿时惊出一身冷汗。

虽然美国伯特公司与香港伯特公司只是名称略有差异，但实际盖章签约的香港伯特公司是没有履行能力的离岸公司。在交易中，因货款问题产生纠纷后，美国伯特公司借此主张其并没有在合同签署页签名盖章，进而主张其并非合同当事人，那么美国伯特公司就可以堂而皇之，借此达到逃债目的。外商利用名称近似的关联企业在签约时偷梁换柱，多是利用没有履行能力的离岸公司或是"皮包公司"，就是为了达到逃弃债务的目的。

离岸公司具有成立快速、注册方便以及管理简便灵活等优点，成为各国企业参与国际竞争、规避风险和降低国际化运作成本的重要工具。由于在国际贸易中离岸公司有很多优势，国外甚至相当多的国内企业均成立离岸公司，通过离岸公司与国内企业签订进出口合同，以减少付汇等方面的成本。在相当多的国际贸易合同中，对方均为注册于英属维尔京群岛、开曼群岛、中国香港、百慕大群岛等地的离岸公司。

但是离岸公司往往履约能力较差，在法律上是独立的法人，而且往往没有资产和实际承担责任的能力，一旦发生纠纷，守约方要求离岸公司承担的责任往往无法落实，最终导致自己遭受损失。

以上两个故事提醒我们，在国际贸易中，由于交易双方往往相距甚远，那么企业对交易对方的真实背景和资质的了解，对其能否正常收款，有时起决定性作用。交易主体虚假、交易人员无权代理等"假合同"更需要认真防范。那么，企业要如何甄别交易主体相关信息的真实性，才能避免落入外贸骗局呢？

首先，核实外方联系人身份。建议企业从各类公开信息中获得国外公司对外联系方式，并通过此联系方式与国外公司直接联系，及时确认外方联系人是否为公司职员，为何职位，是否有权代表外方公司签署贸易合同。如果联系人为公司法定代表，还可借助已公开的个人身份证件照片予以核实。

其次，核实国外公司信息。一般情况下，企业所掌握的国外公司信息均由联系人提供，常常会忽略借助其他途径进行核实查验，这就给诈骗者行骗提供了空间和便利。为防范这一风险，企业应从公开信息途径获取国外买方信息，与联系人所提供的信息进行比对。此外，还可以要求联系人提供国外买方公司的注册信息和授权书等正式文件，用以核实。

在此提供两个平台供大家参考：第一个是香港公司注册处，企业可以在其网上查册中心用英文或中文进行连线查册；第二个是欧洲企业注册处（European Business Register），这个平台可以帮助企业查到欧洲25个国家企业的基本信息，并通过英语和本国语言统一格式呈现。

再次，规范贸易合同签章。国外公司签署合同一般使用签名，受英文名字及书写习惯的影响，很多时候出口企业无法识别买方签字，致使核实签名的效力无从谈起。在此，建议企业在签署合同时，要求对方先将签字人名字打印于落款处，并在名字后加注其相关职位的字样后，再进行手签。这既可以确认签字人的名字拼写，也可以在一定程度上标示出其身份。这样的签名才是法律意义上较为完整的签名。

如果国外买方能够在签名的同时加盖企业印章，则会更有利于合同效力的确认。对于企业印章，出口企业还应要求国外买方出示能证实其所盖印章有效性的相关文件，比如提供印章曾在商务部门登记注册的文件或曾使用过该印章的公司其他文件等。

最后，外贸企业在签订合同时，如果发现对方为离岸公司，务必对其进行详尽的、全方位的调查。尤其应当注意调查其背景资料、经营状况以及以往的履约能力、商业信誉等，确保其可以按照合同履行义务，必要时可以要求设立该离岸公司的公司或者其法定代表人或股东等承担连带保证责任。

很多外贸公司容易上当就是被所谓大买卖的高利润冲昏了头脑，实际上，越是大笔的买卖，越要冷静判断，谨防上当。如果是没有接触过的客户，则要更加谨慎，多方面了解对方的背景信息，判断对方公司是否正规可靠，再决定是否接单。

第一个故事中的茶业公司就因为没有对交易对方的真实背景和资质进行查证了解，才落入了"假合同"的骗局，最后只好追诉山姆先生刑事诈骗，但此时好比鱼儿游入了大海，再欲寻找到其踪迹，岂是一个"难"字了得。而第二个故事中家具公司的刘经理就很清醒并且处理得当。

（作者：王利伟）

广告词写进合同，后果会怎样

广告词往往很美好，要是写到合同条款里了，后果会怎么样呢？

在一次广交会上，俄罗斯某公司对南海某公司宣传的新科技制造生产设备很感兴趣，经过一轮愉快的洽谈，俄罗斯公司向南海某公司订购了两条大型制造生产线。然而一年后，双方很不愉快地出现在了中国法院的法庭上。与大多数买卖合同纠纷一样，卖方南海某公司说对方没给完货款，买方俄罗斯公司说设备有质量问题。

法院很快就审到了设备的质量问题，像这种定做的设备质量有没有问题，当事人约定的技术标准是唯一的评判标准。然而双方的合同着实让法官耳目一新：设备的所有技术要求以表格形式罗列一目了然，可是对设备的主要部件和设施的技术标准，竟然有诸如"（某设施）定型质量非常高，维修率极低，市场口碑好""（某设备）刚性超强，动作准确，操作方便顺畅"以及"（某部件）新颖轻盈，动作灵敏"等描述，这些像广告词一样的技术标准，难以界定和把握。

跨国产品质量纠纷的解决向来是难度很大的，其中对标的物的勘验和质量评估就存在客观困难。由于各国的司法权相互独立，司法机关要了解发生在境外的事实和行为，不可能直接前往其他国家开展调查，比如说如何确信这套已经安装在俄罗斯境内的设备到底有没有质量问题，只能通过当事人的举证和通过国际

（区际）司法协助制度请求或委托国外取证，程序和手续都比较麻烦。往往折腾下来，没问题成了有问题，小争议成了大争议，"迟来的正义即非正义"，这对司法机关，对当事人，都是一种无形的伤害。

那么，如何尽量减少这类争议的发生和伤害呢？

首先，签订合同时要防患，其中，准确地表述技术规范要求和验收调试条款至关重要。尤其是跨国大型机械设备，一旦安装落地，无论是修理还是更换或拆除，都有可能引发进一步的争议和损失。而技术规范要求是设备制造者必须遵从的标准，也是收货方基以验收的标尺。表述要专业，可操作性要强，描述得越精准，双方越容易达成共识。而上述案例中广告词式的技术标准规范，或许在签订合同时会让对方产生美好的遐想，在一定程度上促成交易合作，但随后的实际履行更容易引起现实落差，所以是万万不可取的。至于验收调试，是双方对制成品的初步确认和交接使用，订明相关程序、期限、标准和进度，有利于双方的沟通磨合。

其次，产生纠纷后，应尽量积极协商，以和解为首要方案。尤其是在货款尚未付清的情况下，具备协商的前提。虽然可能会有一定的让步损失，但相比旷日持久的跨国诉讼带来的焦虑和诉讼成本，还是值得的。说回这个案件，双方当事人在打了五年官司，历经一审、二审、再审的筋疲力尽、两败俱伤后，最终选择了各自谅解，握手言和，总算让这起跨国诉讼有了个比较友好的结局。

（作者：陈治艳）

验收标准不能忽视，正常发货仍成违约

2016 年，中国某公司与克罗地亚某公司达成买卖合同，约定克罗地亚公司向中国公司购买无缝钢管，货物从中国新港装运至克罗地亚的里耶卡，未就检验条款进行约定。中国公司开具了商业发票和装箱单，载明货物的总件数、重量并明确载明装运箱号。中国公司还委托报关行持由中国天津出入境检验检疫局出具的出境货物通关单向天津海关申报上述货物，该出境货物通关单载明的货物名称为"无缝管"。

中国公司发货后，克罗地亚公司依约支付了全部货款，一个月后，货物到港。克罗地亚公司认为货物并非无缝钢管，将货物送至克罗地亚的检测公司进行检测。检测结论认定被检测货物为有缝钢管，不符合无缝钢管的标准，虽然这批货物所对应的炉号、尺寸、重量、编号与商业发票完全一致。中国公司认为该检测报告系克罗地亚公司单方委托，且为境外注册的检测机构，其所出具的检测报告无法达到克罗地亚公司的证明目的。同时，根据我国法律规定，无缝钢管为需要实施法定检测的产品，如果中国公司出售的货物不合格，则该批货物根本无法报关通关。双方协商未果，最终向天津市中级人民法院提起诉讼。

法院经审理后认为：由于双方未约定货物到港后的检验问题，作为国际买卖货物的买受方，克罗地亚公司有权对货物进行检测，委托当地检测机构进行检测也符合国际惯例，检测公司作出的检验报告可以证明交付货物与合同约定不符，而根据《联合国国际货物销售公约》，中国公司交付的货物与合同约定的货物性质存在实质性差异，因此，中国公司的行为构成了根本违约。

中国公司最终败诉，合同被认定为无效，中国公司不仅要返还货款，还要承担由于退货引起的一切损失。

看到此处，很多人可能会想，中国公司明明按照合同发送了货物，也通过了出入境检验检疫局的检测，为什么还会败诉呢？

原来，《中华人民共和国进出口商品检验法》第六条所规定的法定检验商品是以国家技术规范的强制性要求为标准的，而合同约定的质量标准是合同双方为实现合同目的而自行确定的，两个标准并不必然一致。中国公司的货物经出入境检验检疫局的检测并办理了报关手续，仅能证明中国公司出口的货物符合我国国家技术规范的强制性要求，并不必然推导出货物符合合同约定的要求。该案例已经得出结论，基于交易习惯及合同约定的优先性，已经通过法定检验的出口商品不能理所当然地认定为符合双方约定，中国公司败诉的原因就是没有事先约定检验时按照中方标准还是克罗地亚标准。

那么，从事出口贸易的老板该如何避免中国公司这样的损失呢？律师在此提醒大家，国际货物买卖中，由于各国的检测标准并不统一，在签订合同时，千万不能忽略验收条款的约定，包括验收标准、验收时间、验收地点和验收方式。这样，才能从根本上避免验收环节的交易风险。

（作者：王利伟）

明确不可抗力，避免上亿损失

如果大家对涉外合同有接触的话，对合同中的不可抗力条款应该有些印象，经常会觉得这个条款好像没有用处。事实上，合同中约定不可抗力条款后可能会产生多大影响呢？下面就跟大家分享一个帮助出口企业设计不可抗力条款而为企业避免上亿财产损失的案例。

2015年1月，某知名大型上市通信企业本已与某国当地政府签订意向书协议，将在该国搭建通信基站，但因该国政治局势紧张，时事难料，变化无常，若中方企业继续按照意向书协议履行及签订正式合约，相关通信设备可能会面临当地群众游行罢工、封锁道路的危险局势。而且，当时该国的大多数运营商项目也都处于停工状态。因遭受当地人民政治不满的压力，该国政府强烈要求中方企业按照意向书协议签订正式合同并继续在全国全面实施合同项目，否则将追究中方企业的缔约过失责任并没收前期上千万元的保证金。基于该国的政治形势，该企业一方面多次对局势展开分析讨论，期盼着政治局势能尽快好转，为减少风险对项目采取"拖"字诀，对该国政府进行婉转的解释；另一方面向律师咨询"采取怎样的措施予以降低或者避免相关法律风险"的意见。

律师了解了合同签订和合同履行的所有经过并审核了相关文件，经过论证认为：若该企业按照前期的意向书协议继续履行，因该国的站点分散，站点准备不足，大部分传输尚未开通，发货路途长、时间长，相关责任非常重大，项目人员和设备车辆安全均面临很高的风险，而且搭建通信基站后遭遇暴乱袭击的可能性也很大，可能造成高达数十亿元的损失。

根据上述分析，考虑到此前的意向书协议中约定了不可抗力条款，但尚未做具体和明确的界定，为了最大限度地维护企业的合法权益，律师向企业提出如下建议并使其在磋商谈判中得以采纳，从而避免了可能的巨额损失：

（1）在与该国政府签订正式合约时应明确界定不可抗力条款，其中包括战争、武装叛乱、恶劣天气等原因造成基站损失的，该国政府不能免责而应负责承担赔付责任。

（2）出于引进通信基站建设的需求，该国政府应当维护及保障基站的正常使用并派遣武装人员予以保护。

（3）该国政府在合同中应明确放弃适用不可抗力而主张全部或者部分免责。

在此向大家解释一下不可抗力条款，我国合同法规定："不可抗力，是指不能预见、不能避免并不能克服的客观情况。"在不可抗力的情况下，根据不可抗力的影响，合同当事人可部分或者全部免除责任。结合到本案例中，若该企业在该国政府搭建通信基站后因为战乱或者反政府武装的袭击导致数十亿设备的毁损，那么该企业不仅将严重亏损，还无法向该国政府主张赔偿责任，并且该政府还享有不可抗力条款的抗辩权。

关于不可抗力的约定，目前世界上还没有统一的标准，因此在签订涉外合同时，特别是涉及一些政治局势不稳定地区的，一定要充分重视和利用不可抗力的条款，作出对自己最有利的约定，以降低对外交往中的风险。

（作者：王利伟）

第二章

合同履行

说好的盐焗牛百叶呢

金风未动蝉先觉，暗算无常死不知。

这句话的意思是，人们往往不能防备小人暗算，不能掌握自己的命运。

我给大家讲一个张老板购买盐焗牛百叶被骗的故事。

2015年的某一天，张老板经人介绍，向巴基斯坦人 Masud 购买盐焗牛百叶，货值20万美元。张老板万分谨慎，亲自到巴基斯坦验货、收货。

二十天后，货到香港。当张老板打开集装箱时，发现一货柜的牛百叶不翼而飞，只剩下几百斤肮脏的粗盐。张老板发现牛百叶丢了，他在巴基斯坦法院起诉卖方，要求卖方承担责任。巴基斯坦法院判决张老板自行承担责任。其理由是，张老板来巴基斯坦是来验货、收货的，收货之后，货物所有权、风险、负担已经从卖方转移给张老板。

在这里，我们必须先掌握一个概念：交付。

所谓交付，是指交付物从一方占有转移到由另一方占有。货物从卖方占有、支配转移到由买方占有、支配是货物买卖合同中的交付，也可以叫做交货。

我们还要明白交付的法律意义。

绝大多数国家的国内法和国际公约均规定：除非另有约定，货物的所有权、风险、负担在交付之后由卖方转移到买方。也就是说，货物交付之后，其所有权属于买方。交付后，货物的污损和灭失风险由买方承担，因货物产生的负担和费用也由买方承担。

另外，由于交付的形式是多样的，如实际交付、指示交付等，无论买方还是卖方都必须清楚了解交付的时间和地点。如果买方不了解交付的意义、交付的时间和地点，当然就不知道自己在何时何地占有、掌控货物，以实施规避风险的行为，维护自己的利益。

在本案例中，张老板来验货、收货，眼看着货物进入集装箱，这是法律上的交付的完成。此时、此地之后，货物的所有权属于张老板，货物污损和灭失的风险也转移给了张老板。然而，张老板没有自己租船订舱，没有自行办理托运，没有实际占有或者掌控货物，以致货物丢失。

那么，我们应当如何规避这样的风险呢？常用的办法有：

（1）作为买方，可以选择在货物交付之后付款，即确认收到货物并且货物状况良好之后付款。

（2）作为买方，可以选择自己能够掌控的交付时间和地点，如在自己的地址或者自己掌控的仓库交货。

（3）采用信用证付款方式，检验提单、信用证以及其他文件条款相一致时才由银行付款，用银行信用做担保。

（4）买保险，将货物的风险转移给保险公司。

这个案例告诉我们，在做生意时，尤其是做国际贸易的过程中，风险无处不在。我们要有足够的风险防范意识，对于风险和负担何时何地可能发生在自己身上的问题要有足够的敏感度。当风险和负担确实转移到我们身上时，我们应当切实做好自我风险防范工作，或者把风险转嫁给别人，保障自己的利益。

在任何时候我们都没有办法确保别人做什么或者不做什么，但是我们应当清醒地知道，自己可以做什么，应当做什么，做到什么程度才能保障自己的利益。

（作者：邵建华）

骗术"装弹弓"

竹影扫阶尘不动，月轮穿沼水无痕。

这是一句禅语，说的是心境。意思是说，不管外面的世界有哪些风吹草动，内心世界都不会受到影响。

我给大家讲一个装弹弓的故事。有人会说，一会儿说禅语，一会儿说弹弓，怎么驴唇不对马嘴？大家别着急，下面讲的骗术的名字叫做"装弹弓"。

这个骗术的高明之处就在于它利用了购买者不够严谨的工作态度，骗得你连官司都打不赢，因为骗子的骗术做到了不留任何痕迹的程度。

两个月前，有一个俄国客人安德烈找到律师咨询他的官司打二审还有没有机会。安德烈是做机床成套设备的，2017 年下半年，为了购买某特种钢，安德烈来到某钢材贸易公司签订采购合同，从该公司购买某型特种钢一百吨，每吨 5 200 元，定金 20 万元，要求合同签订之日起七日内由安德烈到钢材公司自行提货。

到了第六天，安德烈正在联络运输时接到钢材公司电话，说因为供货方的问题，要求安德烈晚三天提货。四天过去了，安德烈亲自到钢材公司提货。钢材公司老板非常生气，质问安德烈为什么晚了三天才提货。安德烈说接到钢材公司电话通知要求晚三天提货。钢材公司老板说，没有人通知过安德烈，没有人打过电话，安德烈提供的电话号码不是他们员工的。货已经贱卖给别人，安德烈支付的定金不够赔偿损失，不予返还。安德烈再拨打那个电话时，电话已经关机。

安德烈告到法院，法院判决认定安德烈违反合同，钢材公司不予返还已支付的定金。

在这个案例中，最为关键的问题是，能否证明通知延迟三天提货的电话是钢材公司员工打来的。

如果能，那么应当认定安德烈没有违约，钢材公司应当双倍返还定金；如果不能，那么安德烈违约，无权请求返还定金。邵律师告诉安德烈，如果没有这个证据，上诉也不会有好的结果。

这个案例告诉我们：保留证据是十分重要的。没有证据就不能还原事实真相，就会招致风险。

那么我们应当怎样保留证据，维护自己的利益呢？

这个话题很大，一两句话是说不清楚的。不过我们可以以货物买卖合同为例说说要保留哪些证据，怎样保留。

货物买卖合同的两个关节点在交货和付款。所以，收货的地点、时间和人员应当在合同中明确，明确送货单签收人也是必备的手续。另外，付款的时间、账户和收款人也必须在合同中明确，收款人出具发票、收据也是必备的手续；如果通过银行转账，银行流水这样的第三方证据就是最好的证据。能够做到这个程度，交货和付款的证据就有保障了。

那么，还有电话的问题呢？

合同里面必须明确联系人、联系方式，包括电话、传真、电子邮件等。这是做生意签合同的过程中最容易被忽视的问题。不但要明确联系人和联系方式，还要约定，其他人或者其他方式的交流对双方不发生法律效力。

（作者：邵建华）

封样交货要牢记，管好样品免争议

2017 年 6 月，广州一家公司向瑞典公司出口一批皮衣，双方在合同中约定商品名称为"手工制造皮衣"，凭样品收货。瑞典公司收货后却发现皮衣的部分制作工序为机械操作。这样的情况，广州公司要不要赔偿呢？究竟责任在谁？应当如何处理？

先解释一下"凭样品交易"。"凭样品交易"是指贸易双方用样品表示货物品质进行交易，也就是说，卖方所交付货物必须与样品完全一致，样品是检验交货品质是否合格的唯一依据。

那么，在这个案例中，皮衣样品就成了厘清双方责任的一个关键证据。

有惊无险的是，广州公司妥善保存好了皮衣样品，经过鉴定，交货皮衣与样品的品质是一致的。最终法院认定：皮衣买卖合同签订前，瑞典公司已当面查看了皮衣样品，并共同进行了样品封样，并且广州公司向瑞典公司实际交付的皮衣也与样品品质一致，因此，瑞典公司起诉要求广州公司赔偿没有事实依据，广州公司无须向瑞典公司进行任何赔偿。

由此可以看出，倘若广州公司没有妥善保存好皮衣样品，恐怕就难以对抗瑞典公司，只能"哑巴吃黄连"了。

既然凭样品交易方式下的样品如此重要，那么应该如何保存样品以确定商品质量呢？

律师建议，在进行海外贸易过程中，可以就双方确认的交易货物样品进行封存，也就是"封样"，通常是由公证机构或者双方均认可的第三方机构（如商品检验机构等）在一批货物中抽出同样品质的样品若干份，在每份样品上烫上火漆或铅封，供交易当事人保管和使用。封样可由发样人自封，也可由买卖双方共同确认后加封。封样的目的是确认交易商品的标准和质量，封存的货物样品可作为以后交货时查验货物品质的原始凭证，也可以作为解决交易商品标准和质量争议的重要依据。

另外，对于一些受外部环境和时间影响较大的特定商品，不建议采用封样交易。因为并不是所有的商品都适用封样交易，比如金属、矿石、葡萄酒、粮食、肉类等，极易受到外部环境温度、湿度等的影响。所以，有时候即使封样了，由于封样的保管和使用不当，封样的质量也可能会因为环境影响而发生变化。

如果类似交易一定要采用封样的话，此时除了需要对样品进行封样外，还需要同时提供样品说明书，对样品封存时的状态及样品在特定环境条件下可能出现的产品变化进行详细说明，只有这样，才能最大限度地降低因商品质量而引发的法律风险。

（作者：王利伟）

可以用货款抵减质量损失吗

发现对方交的货有质量问题，是一件比较烦恼的事情。如果双方能协商解决还好，如果不行，则可能面临一连串的操心事儿。这时候，还没给清货款的买方可能会问：我可以截留点货款尾数当补偿吗？以下案例将会给出答案。

香港某公司花 70 万美元向意大利某公司购买了一套设备，九个月后，该设备被安装在了香港公司在南海投资的企业厂房内，香港公司也根据双方约定，开出了不可撤销信用证支付货款。但是，意大利公司只顺利拿到了 60 万美元的货款，剩下的 10 万美元，由于欠缺香港公司开出的验收合格证明书，银行没有兑付。我们知道，信用证是有兑付期限的，期限过了在银行就拿不到钱了，意大利公司只好直接向香港公司追讨，一直追讨到了法院。

香港公司说，我不是给不起货款，是不愿给，这设备不合格，根本用不了啊！空口无凭，香港公司向法院提供了一系列证据，证明设备安装之后，曾多次向对方提出设备有问题，对方也多次派人过来进行调整。

那么，香港公司究竟需不需要支付这 10 万美元呢？法院说，应当支付！因为我国合同法规定，卖方交付的标的物不符合质量要求的，买方可以要求对方承担违约责任。但是，除非双方的合同有约定，否则买方不得以质量问题拒绝支付货款。除非双方先前有这样的约定或者在发生质量争议后达成一致合意。而两个公司签订的合同并没有货款抵减质量损失的条款，所以货款还是要给的，至于是不是真的有质量问题，香港公司可以另行向意大利公司主张。

"股市有风险，投资须谨慎"，经历了股市的大起大落，这句话成了家喻户晓的经典警世名言。事实上，生活无处不存在风险，我们应该具备谨慎之心。比如说，你借款给别人，不是只想着借出去后就有利息收了，还应该对借款人的情况有一定的掌握，避免自己的钱"肉包子打狗——一去不回"；又比如说，有人来找你，说看好你的公司，要给你的公司注资，你不能单纯地以为自己的公司真的很抢手，而更应慎重地评估来者何人，是否具备合作的必要性和可能性。

所以，回到上面的话题，如果你买的是一件质量风险较高或有质量问题的物品，那么，你需要考虑事先与卖方协商货款抵减质量损失的条款，以货款的支付为质量风险提供一定的担保。特别是在国际贸易中，由于交付使用的时间和空间跨度可能很大，一旦出现质量争议，不容易协商解决，而通过相关救济途径进行维权往往困难重重。建议大家在协商合同的时候，设定货款抵减质量损失的条款，尽量避免承受质量索赔的种种煎熬。当然，即使没有事先约定，在双方对质量问题有了初步共识时，买方可以主动提出暂扣尾款以便灵活处理质量赔偿事宜，争取双方友好协商解决。

（作者：陈治艳）

出名要趁早，质量维权也要趁早

为了敦促权利人尽快寻求法律保护，法律往往设置许多时效和期限的制度，一不小心超过了，苦果子只有自己吃。张爱玲说出名要趁早，维护权益，我们也要趁早。

话说香港某公司向意大利某公司购买设备，因为没有事先在合同中约定，而擅自以质量问题拒绝支付货款从而败了官司。法院判决认定货款应予支付，质量问题可另行主张。香港公司也没有对该判决过多纠结，按着指引就把意大利公司告了。同样的证据，同样的说辞——意大利公司提供的设备质量就是有问题，要求赔偿。

那么，香港公司能不能拿到意大利公司的赔偿呢？这一次，法院说，来晚啦！

原来，意大利公司持有信用证却收不到尾款后，就直接找香港公司追讨了。经过多次催促仍然无果，才决定去法院起诉。那时候，这套设备已经在南海厂房里待了两年。

两年，正是这个两年，让香港公司再次输了官司。我国合同法规定，发现标的物质量不符合约定的，当事人没有约定检验期间的，买受人应当在合理期间内通知出卖人。买受人在合理期间内未通知或者自标的物收到之日起两年内未通知出卖人的，视为质量符合约定。而香港公司在意大利公司催收货款的两年里，既没有说给货款，也没有明说过设备的质量有问题，更没有说过要求索赔。双方只有多次对设备的调试和使用存在的问题进行协商和调整。而设备在调试和使用中出现问题，并不必然说明设备有质量问题，也有可能是使用不当导致的问题。香港公司没有在收到设备后两年内明确提出过质量问题，一直到意大利公司起诉要求支付货款时才提出，显然已经回天乏力。

香港公司的又一次败诉提醒我们：

首先，对自己买来的东西，无论是国际贸易，还是在网络平台交易的，发现有质量问题要及时沟通，要有保全质量问题证据的意识，及时有效地维权。

其次，要注意检验期间、质量保证期和法定质量异议期限的适用。约定有检验期间的，买受人必须在检验期间内通知对方，否则视为质量合格；有保质期的，适用保质期；既没有检验期间也没有保质期的，则要在收货后两年的合理期限内提出质量异议。另外，如果没办法证明自己有没有提过质量异议，可以尝试证明对方对质量问题是知情的。因为我国合同法还规定，出卖人知道或者应当知道提供的标的物不符合约定的，买受人不受先前所讲的通知时间的限制。

最后，在国际货物买卖中，我们还需要留意一下一个公约的适用，就是《联合国国际货物销售合同公约》，这个国际公约的成员国遍布世界各大洲，包括美国、加拿大、德国、日本、俄罗斯等经济大国。属于不同成员国的买卖双方如果没有选择其他规则，比如说某一国的法律、国际惯例、其他国际公约等，必须自动适用该公约。公约的适用可能会导致不同的法律后果。不过就产品质量异议期制度而言，我国合同法的规定与《联合国国际货物销售合同公约》的规定是一致的。

（作者：陈治艳）

减损规则： 该出手时就出手

看到公用水龙头正在滴水无人打理，您会不会上前拧紧？我们认为这是一种公德行为，作为一名市民，应为社会节约水资源。而在商事合同关系里，也有一种类似的行为，就是减损。

减损，顾名思义，就是减少损失。无论是国内法还是国际公约，或者在许多合同里，都可以看到减损规则的身影。该规则要求合同一方在认为对方违约时，积极采取适当措施，防止因为对方违约而造成的损失进一步扩大。

某进出口代理公司代理国内公司向美国公司进口奶粉，由代理公司对外签订合同并具体履行，国内公司向代理公司提货并支付货款。结果双方对某一批奶粉的质量标准产生了分歧，国内公司拒绝提货。我们知道，奶粉是有保质期的，放久了会坏。于是代理公司折价处理了这批奶粉。又比如说，中国香港某公司向阿联酋某公司购买石油，结果阿联酋公司签了合同后又要求提高单价，双方未达成一致意见。在阿联酋公司最终违约不交货的情况下，中国香港公司从第三方处另外购买了所需的石油，而且考虑运费节省情况后，单价比阿联酋公司要求的要低。代理公司卖奶粉和中国香港公司另买石油的行为，就是减损。

防止损失扩大，本来是一种管理他人事务的行为，但法律规定成了当事人的义务，更多的是考虑到促使当事人主动减少违约造成的损失，实现合同正义目标。无论是国际贸易还是普通国内贸易，都可能会遇到需要采取减损措施的情形。而由于涉外争议的解决不确定因素多，程序复杂漫长，当事人更要加以重视。如果不及时采取措施，或者采取的措施不适当，将来就不能要求对方赔偿扩大的损失部分。这要求我们在认为对方违约而又一时协商不成的时候，能够理性、果断判别是否需要考虑减损，该出手时就出手，及时、恰当地止损。这时候，减损方是作为一名"善良管理人"而为之，所以，减损方除了可以向对方要求违约损失赔偿，还可以要求对方承担因为减损措施而支出的合理费用。

另外，法律要求的减损，并不以实际效果为要件。只要已经及时采取了适当措施，即使没有达到减少损失的目的，当事人也是有权请求对方赔偿相应损失的。甚至如果存在不能归咎于当事人的事由，导致没有采取适当措施防止损失扩大的，当事人也有权利请求损失赔偿。

最后还要提醒的是，为充分保障日后维权顺利，要注意保存、收集有关减损的证据材料，包括采取减损措施的依据、相关措施的合理性和正当性，以及损失的构成、因减损所支出的费用构成等方面的证据。

拧紧公用水龙头是一个人的善良公益之举，同样，在认为对方违约时，能及时、适当地防止损失扩大，也是一种法律义务，更是一种利人利己的善举。这让我想起了英国学者麦克莱说过的那句话："善良的心是最好的法律。"

（作者：陈治艳）

卖方权利担保义务

在我们熟悉的日常买卖中，商家出售的物品如果有问题，当然要承担相应的法律后果。可是这家企业卖给外商的货明明没问题，为什么还要帮外商承担损失呢？

佛山 A 公司向巴西某公司出售了一批工业陶瓷，这批陶瓷是 A 公司向 B 公司买来的，货款尚未结清。在与巴西公司洽谈合同时，A 公司把这个情况告知了对方。巴西公司对此没什么说法，于是双方顺利签订合同并租船发货。没想到货物还没运到目的地，巴西公司就收到了中国法院的传票，原来 B 公司起诉了巴西公司和 A 公司，主张这批陶瓷为 B 公司所有。经过一轮诉讼，法院判决了 A 公司胜诉。A 公司总算舒了口气，还没缓过神来，却收到了巴西公司的索赔函。巴西公司认为，虽然这批货没问题，但他们为了参与这个跨国诉讼支出了一笔费用，货物也因此没能按原计划顺利销售，产生了经营利润损失，A 公司应该予以赔偿。那么，巴西公司这些费用和损失，A 公司是否要赔偿呢？

在买卖关系中，卖方必须保证自己出售的货物不存在任何第三人的权利，也不会有任何第三人向买方主张权利，这叫"出卖人的权利担保义务"。我国合同法也规定了这项制度，而且明确了如果买方在签订合同时知道或者应当知道第三人权利的，卖方不用承担权利担保义务。A 公司在以往国内贸易业务中，也曾经遇到过类似情形。于是，A 公司客气地函复了巴西公司，表示当初已经告诉你们有 B 公司的存在了，后面发生的事情，岂能由本公司帮你兜底？然而，当再次收到巴西公司的回复时，A 公司才意识到问题的严重性。原来，双方的买卖合同约定了适用《联合国国际货物销售合同公约》，公约对卖方所有权担保的要求非常严格，必须是买方明确同意，即使存在权利瑕疵仍然愿意收取货物时，卖方才可以免除权利担保义务。毫无疑问，根据《联合国国际货物销售合同公约》的规定，A 公司对巴西公司的索赔要求责无旁贷。事实上，由于中国和巴西都是《联合国国际货物销售合同公约》的成员国，即使合同没有明确约定适用公约，只要没有排除《联合国国际货物销售合同公约》的适用，就会自动适用《联合国国际货物销售合同公约》。A 公司满心以为当初告知实情就没事了，到头来还是不得不承担意料之外的法律责任。

A 公司的老马失蹄提醒大家，在签订国际商务合同时，对双方协商选择的法律必须有相当的了解和熟悉，要通过自己的法律专业人员充分掌握所选规则与本国法的差异之处，切忌想当然，简单地按国内贸易规则来处理国际贸易行为，甚至作出重大决策，引起合作伙伴的误会，影响企业声誉。

另外，权利担保义务是一项不需要当事人双方约定的卖方合同义务，各国立法以及重要国际规则均有规定，但大多数国家，如德国、瑞士、日本，允许当事人自行协商直接免除卖方的权利担保义务。一些国家或地区，如我国台湾地区，则规定当事人可以约定，就算买方事先知道权利瑕疵，卖方也要承担担保责任。也就是说，当事人的约定可以在一定程度上改变既定的法则。我国大陆地区没有类似上述这两种法律规定，但根据合同自由原则以及"法不禁止皆可为"的民法原理，可以根据双方交易的实际情况，适当在合同中对权利担保义务事宜予以明确，避免因对相关法律了解不够全面而节外生枝。

（作者：陈治艳）

巧用短溢装条款，缺斤短两别过限

在国际贸易中，按合同规定的数量交货是卖方应尽的基本义务。有些商品是可以精确计量的，如金银、药品、衣物等，但有些商品如散装谷物、油类、水果、矿砂、钢材等因为受自身特点的影响，难以精确计量，交货数量往往难以完全符合合同约定的数量，因而在交货时常常引起争议。

我们通过一个案例来了解国际贸易中的短溢装条款以及如何利用短溢装条款避免交货时不必要的纠纷。

什么是短溢装条款呢？这是大宗货物国际贸易中常见的条款，为了避免因实际交货不足或超过合同规定而引起的法律责任，方便合同的履行，在国际贸易合同中，通常会对上述提到的不宜精确计算数量的商品约定交货数量的上下浮动幅度，也就是说，卖方可以多交或少交，但是不能超过合同约定的比例。短溢装条款的另一个好处是可以避免卖方按照合同约定确定的数量硬行拼凑包装，从而出现包装不整齐的情形，给买卖双方交货和收货带来不便。

广州某公司向日本某公司订购一批钢板，其中 8 米、10 米、12 米三种规格的数量一样（均为100），为方便合同的履行，合同的短溢装条款中约定每种规格的数量可以有上下各5%的浮动，由日方决定具体的发货数量。合同签订后，国际市场钢板的价格上涨了 10%，日本公司实际交货内容为：8 米的钢板数量90，10 米的钢板数量95，12 米的钢板数量105，总数为290。此时，对于日本公司按照实际装运数量出具的跟单汇票，广州公司是否有权拒绝收货及付款呢？

在上述案例中，广州公司订购的三种规格数量均为100，可以上下浮动5%，在短装的情形下，日本公司的交货数量最少不低于95；在溢装的情形下，交货数量最多不超过105。由于日本公司交货的8米钢板数量为90，低于5%的浮动比例，交货数量不符合合同约定，广州公司对于日本公司开具的跟单汇票有权拒绝收货及付款。

那为什么日本公司会大胆冒险选择少交货呢？原因是装货前钢板的国际市场价格大幅上涨，日本公司把少发货的部分另外销售将会获得更大的利润。

因此，律师在此告诫各位老板，短溢装条款虽然使出口企业掌握了装货的主动权，比较有利，但千万不能乱用，否则就有可能遭遇拒收退货的问题。在进出口贸易中利用好短溢装条款，需要注意以下两点：

（1）在国际贸易中，不仅交货的总量受短溢装条款的约束，所列每种具体规格和数量也受该条款的约束。

（2）为了防止有权选择多装或少装的一方当事人利用市场行情的变化，有意多装或少装以获取额外的好处，可以在合同中规定，多装或少装的部分，按装船时或到货时的市价计算，以体现公平合理的原则。

所以说，我们要利用好短溢装条款，可以缺斤短两，但是千万别超过界限。

（作者：王利伟）

海外卖家破产，预付费打水漂

2016 年，中国某公司通过德国 A 公司在上海设立的独资公司向德国 A 公司购买了一批机器设备，由于该机器设备需要原厂维护，于是分成两个协议，与上海公司签署设备买卖合同，与德国 A 公司签署设备维护服务协议，由德国 A 公司提供三年的机器设备维护服务，维护费为每年 10 万欧元，一次性预付三年维护费用。

收到货后，中国公司向德国 A 公司支付了三年维护费用。一年之后，中国公司突然得知德国 A 公司申请了破产，与中国公司有关的业务被转让性重整，原厂工人被全体遣散，负责人人去楼空。中国公司面对急待维护的设备，无计可施。而且，由于德国 A 公司破产，中国公司也无法拿回剩余两年的预付费。

令人更为恼火的是，就在中国公司发愁之际，一家德国 B 公司主动联系中国公司，声称可以提供机器设备维护服务，要求中国公司与其签订协议。后经调查，德国 B 公司的主要技术负责人员及工人正是原德国 A 公司的人员。同班人马，换了个公司，又要求与中国公司交易，而根据合同相对性原则，中国公司是与德国 A 公司签订的协议，只能要求德国 A 公司履行维护义务，不能要求德国 B 公司去履行。

企业家该如何避免陷入像中国公司这样的无奈境地呢？在进口设备采购中往往都需要原厂提供售后维修服务，建议在签署这类服务协议时，尽量把在中国的外资公司拉进来共同承担维护责任；如果外方在中国没有设立公司，则不建议一次性预付大额的维护费，按年度或季度等分期支付会减少风险。如果对方很强势，坚持要一次性预付的话，可以考虑通过银行保函的形式来降低风险。总而言之，对于预付条款要格外当心，尽量避免一次性预付费用，以免承担不必要的风险。

顺便提一下，大家在做外贸时经常会听到某某公司申请破产或者破产保护了。破产保护并非破产，二者差别很大。破产保护不是传统意义上的破产，传统的破产通俗来说就是关门还债，而破产保护指的是不管公司能力如何，当公司自愿向法院提出破产重组申请后，并就债务偿还的期限、方式以及可能减损某些债权人和股东的利益作出安排后，经过法院确认，公司可以继续营业。破产保护期间，债权人不能强制要求公司偿还债务。

对于上述案例，德国破产制度没有破产保护的概念，转让性重整是德国公司破产中经常碰到的情况，是德国破产制度中特有的一种措施。转让性重整是指在法院启动破产程序后，正式的破产管理人将公司全部或部分资产转让给一家新公司（由管理人确定一个适当的转让价格），对公司剩余的部分进行清算的一种处理措施。

（作者：王利伟）

是 OEM，还是 ODM

一家公司的产品出现问题被投诉，这家公司以为是自己的责任，正准备赔偿近3亿元的时候，律师告知，还真不是自己的责任！

中国一家制造企业从2006年以来与日本某大型集团一直保持良好的业务往来，代日本企业贴牌生产产品，就是我们常说的OEM（Original Equipment Manufacturer）。OEM即贴牌生产，俗称"贴牌"。品牌生产者不直接生产产品，而是利用自己掌握的关键和核心技术负责设计和开发新产品，控制销售渠道，具体的加工任务通过合同订购的方式委托同类产品的其他厂家生产，生产方无须承担知识产权风险。

但是到了2017年，该产品出现大量质量问题，因该产品引起的火灾有数十起，在澳大利亚还造成了两人伤亡；接着美国、加拿大、欧洲消费者也提出质量投诉，以致引起了连锁反应。日本企业紧急启动全球产品召回。

启动召回之后，日本企业认为问题出在中方企业负责设计的一个零件上，进而对中方企业提出了近3亿元的索赔。面对如此巨额的赔偿，对于中方企业来讲，无疑是灭顶之灾。而中方企业研发工程师对召回的产品进行检测研究后，发现产品确实存在质量缺陷，主要是由设计上的疏忽引起的，所以工程师也认为中方企业要承担相应的责任。

律师团队接受中方企业的委托后，对该产品召回索赔事件进行了深入的调查分析研究和复盘，通过细致审查中日双方近十年来的商事交往资料，发现中方企业和日方企业当年的贸易合作方式为OEM，签订的是《OEM贴牌加工协议》，就是说，设计是由委托的日本企业负责，因相应的产品设计的缺陷而导致的产品质量问题，自然归日方企业自行承担，毫无疑问，中方企业无须承担任何赔偿责任。

但问题是，因为双方合作时间长，随着双方合作程度的深入，近几年来贸易合作方式有时为 OEM、有时为 ODM，双方合作方式并不十分明晰。

ODM（Original Design Manufacturer），是指从设计到生产都由生产方自行完成，在产品成型后由贴牌方买走产品的生产模式，生产方拥有自身设计能力和技术水平，拥有自己独立的知识产权，承担独立的知识产权风险。

那么，在这个案例中，中方企业到底要不要承担责任，就取决于双方合作方式是 OEM 还是 ODM。

律师团队驻扎到中方企业，经过实地访谈和查阅大量文件，最终发现，此次有质量问题的产品，其设计图纸并非由中方设计师定稿，而是由当时日方研发团队组长亲自决策定稿的。双方的往来邮件等书面证据和中方企业的证人证言证明了中方企业不需要承担责任。

由此，这样一场近 3 亿元索赔的灭顶灾难，终于化险为夷。

这个几经周折的索赔案例告诫我们，在国际经济贸易中，一定要明晰贸易合作方式，明确各自的业务和工作边界，要以书面合同的方式约定双方的责任。

同时，对双方的商事交往过程中形成的文件、资料要及时确认、书面留底，更要完整、妥善地保管。特别是电子证据，可以委托第三方保存完好，加强电子证据的证明效力。

（作者：王利伟）

自欺欺人

天可度，地可量，唯有人心不可防。
但见丹诚赤如血，谁知伪言巧似簧。

这是白居易的诗。意思是说，看起来赤胆忠心，听起来天花乱坠，其实人心叵测。用孔子的一句话来说就是"巧言令色鲜矣仁"。

我给大家讲一个占小便宜、自欺欺人吃大亏的案例。这个案例中的骗术之高明不亚于前面介绍过的"装弹弓"。

2010 年 12 月，某陶瓷公司白老板找律师咨询是不是可以帮他的案子打二审，二审诉讼有没有赢的机会。

原来，白老板的陶瓷公司长期向印度客人莫汗供货，向印度出口陶瓷产品。2010 年 3 月莫汗与陶瓷公司签订合同，购买一等品陶瓷货值 30 万元，交付后一个月付款，签订合同后三日内由莫汗自行提货。

一天后，莫汗来到陶瓷公司找到白老板，要求将货物换成另外一个品种，是二等品。白老板说，换货可以，可这是二等品啊。莫汗说，没关系，我就喜欢这个款式，合同单价不变，送货单仍然写一等品陶瓷片。到付款的时候给我点回扣就可以了。

白老板心里暗喜：这回等于多卖了 3 万元。于是就发了二等品。一个月后，到了付款的时候，白老板与莫汗交涉。莫汗非常生气，说，付款不可能，你发过来的货，货不对板。印度买家拒绝提货，只能在印度贱卖，卖出来的价款还不够弥补损失。

白老板很是愤怒，将莫汗的公司告到法院。法院判决驳回陶瓷公司的诉讼请求。理由是，陶瓷公司交付的货，货不对板，违反合同，给莫汗的公司造成损失，而损失与贱卖价款相当。

在这个案例当中，白老板犯了哪些错误呢？

第一，白老板应当信守承诺，发扬契约精神，全面而准确地履行合同。不应当有欺骗最终买家的动机，一等品就是一等品，二等品就是二等品。

第二，如果变更合同，应当以书面形式明确变更的内容，留下变更合同的证据。

第三，莫汗在与白老板交涉的过程中已经暴露了他的人品，已经暴露了他有欺诈别人的动机。这样的人是不可以信任的。然而，白老板觉得自己占了便宜，利令智昏，作了错误的决定。

白老板被骗了，不仅损失很严重，遭受了巨额经济损失，还打不赢官司；灰头土脸的，眼睛里发出来的不是光芒，而是愧疚、无奈和愤怒。

莎士比亚有句名言：做人，首先对自己要诚实，就如同先有黑夜然后才有白昼，这样才能对别人也诚实。

所以说，不管做人还是做生意，都不能有欺骗别人的想法，因为欺骗别人时，自己已经陷入利令智昏的状态，也给别人创造了欺骗你的机会。你的贪心、私心就是别人骗你的源头。

另外，当你发现一个人在欺骗他人或有违法行为时，不要沾沾自喜，不要企图从中渔利。因为那个人可以骗别人，当然也可以骗你；如果他能够做违法的事情，他在与你做生意时也不会守规矩，更不可能信守承诺。

（作者：邵建华）

小心掉进外贸代理公司的"坑"

我们聊聊有关"外贸代理公司"的话题。一方面，我国法律规定从事进出口业务应事先获得"企业进出口资质证书"；另一方面，进出口业务涉及物流、支付、清关、码头及港口等事务，并不是所有公司都能胜任进出口业务，因此需要外贸代理公司（其公司形式往往为"进出口贸易公司"）提供相应服务，但出口企业与外贸代理公司的合作"危机四伏"。

佛山某家具制造企业与瑞典客户达成家具销售合作协议，约定：货到瑞典客户港口六十天内支付尾款25万美元，由佛山的一家外贸代理公司提供进出口代理服务，包括"代收货款"。"天有不测风云"，瑞典客户付款后，佛山家具企业获知该外贸代理公司因欠银行巨额贷款而被银行冻结账户，尾款25万美元进入其公司账户后也被冻结了，银行基于与该外贸代理公司之间的贷款协议强制划扣了账户中所有资金。最终，该外贸代理公司宣告破产，佛山家具企业通过企业破产程序仅收回了部分货款，亏大了！

佛山某建材公司向一家外贸代理公司销售一批定制建材，由该外贸代理公司转卖给俄罗斯莫斯科某大型工程项目业主，佛山建材公司收取定金260万元人民币后，开始了备货生产。突然有一天接到外贸代理公司暂停生产通知，理由是莫斯科项目方修改了前期审批通过的施工图纸方案，要求对相关产品重新进行测试。此后项目无任何进展，佛山建材企业等了半年以上，不得不解除与外贸代理公司的合作，没收了 260 万元人民币定金，另外向外贸代理公司索赔了 180 万元损失，总算挽回了材料损失费。

上述两个案例都与外贸代理公司有关，一个因巨额贷款而倒闭，另一个因工程图纸方案修改而终止合作，但倒霉的却是委托其办理进出口业务的委托人，他们很"无辜"。当然对于此类风险，也不是完全"束手无策"。仔细分析可知，此类贸易中，参与交易的主体通常有两大类：第一类：委托人（工厂）、代理人（外贸公司）、进口商（买方）；第二类：委托人（工厂）、代理人（外贸公司）、进口商（买方）、（代理人与进口商之间还存在）中间商。

针对参与交易主体的不同，我们总结与外贸代理公司合作的注意事项如下：

（1）清楚约定工厂与外贸代理公司的业务是属于外贸代理关系还是产品购销关系。如果是外贸代理关系，工厂应就产品质量、逾期交货等对买方负责，只有当外贸代理公司存在收款过错时，才对工厂承担相应责任；如果是产品购销关系，工厂应就产品质量、逾期交货等对外贸代理公司负责，外贸代理公司应向工厂承担支付货款责任。

（2）如果进口商与外贸代理公司之间还存在"中间商"，且进口商与外贸代理公司属于代理关系而非产品购销关系，出于收款安全考虑，工厂应要求进口商出具承诺承担付款责任的文件，避免"中间商"携款消失的风险。

（3）合作前，核实外贸代理公司相关资质和信用，对于资金实力差、付款条件不利、行业口碑不良、有涉嫌"洗钱"历史的外贸公司，应慎重选择合作。

（作者：曹永明）

第三章

国际货物运输及国际贸易支付

CIF 与 FOB，差别巨大

企业在海外贸易过程中，什么时候交货，什么时候风险归我方，什么时候风险转移到对方，都是有约定的。在这个过程中，会面临不同的风险，而不同的贸易术语，风险系数也大不相同。比如，CIF 与 FOB，就差别巨大。

我们先了解一下海外贸易中常见的贸易术语 CIF（Cost, Insurance and Freight）与 FOB（Free On Board）。我们简单地记作 C 组和 F 组。

CIF 是什么意思呢？它的风险系数如何？我们用两个企业案例告诉你。

卖方佛山公司与买方泰国公司签订货物买卖合同，约定以 CIF 出口货物，即佛山公司负责租船订舱并支付到目的港的运费，以及在合同规定的装运港和装运期限内将货物装上船并负责办理货物运输保险，支付保险费。合同签订后，双方都如期履行。但万万没想到的是，装载货物的船只在中方港口启运前突然遭到第三方扣押。泰国公司马上要求佛山公司将货物另行找船运输，佛山公司则以运费已付清为由，要求泰国公司另行支付因更换船务公司而再次产生的运费。争执过程中，泰国公司因急需货物，不得不按佛山公司要求再次支付了换船的运费。

在这个案例中，佛山公司再次索要运费的要求是否合理呢？

按《2010 年国际贸易术语解释通则》（International Rules for the Interpretation of Trade Terms 2010，简称 INCOTERMS 2010）的

解释，在 CIF 条件下，出口方货物越过船舷后，出口方的责任就免除了。在 CIF 条件下，佛山公司负责装船以前的一切风险，泰国公司负责装船以后的一切风险。佛山公司已将出口货物装上了船，付清运费并已取得装船提单，其责任已经解除，风险已转移给泰国公司。所以因该船遭扣押另行转船而产生的一切费用应由泰国公司承担。

需要提醒的是，在 CIF 条件下，因为出口方要承担运费和保险，所以费用也会相对高一些。但是，对于出口方来说，虽然成本增加，风险却降低了。

2005 年 5 月，广州公司与英国公司签订了一份小麦采购贸易合同，约定英国公司向广州公司购买 3 000 吨小麦，价格为 CIF 利物浦港 180 美元/吨，总价 54 万美元。合同生效后七日内，英国公司支付了 20% 的预付货款。货到目的港，英国公司检验称不合格，因而拒绝支付尾款。天气突变，经过一段时间，麦子受潮腐烂，广州公司要求英国公司赔偿损失。

很多人看到"CIF 利物浦"会觉得很奇怪，因为一般在 CIF 条件下，卖方在指定装运港将货物装上船，即完成交货义务，而这里为何会变成利物浦呢？

在此需要特别说明，INCOTERMS 2010 仅为国际惯例，不是国际条约或盟约，不具有法律强制约束力，合同双方当事人有权对其进行适当变形适用，附加一些条件，并且依据《1932 年华沙—牛津规则》［Warsaw-Oxford Rules 1932，即 CIF 买卖合同统一规则（Uniform Rules for Contract for the Sale of the CIF）］的规定，只要双方明确约定就可以对 CIF 本来的含义进行变更，如双方约定以货物到达目的港经检验合格作为付款条件。

由于 CIF 合同中买方要承担货物在装运港装船之后的一切风险，有的买方为了减少自己的风险或预防卖方或承运人欺诈，确保付款后能收到符合合同规定的货物，常常在 CIF 等合同中加进如下条款：卖方保证货物安全抵达目的港、货到目的港经检验合格后付款、卖方应承担货物运输过程中的风险、货物的价格依货物到达目的港的重量确定等。

正是通过增加这种条款对 CIF 合同做了修改，允许货物到达目的港经买方检验合格后付款，将卖方的风险从装运港延伸到了目的港。这显然违背了 CIF 术语的本来意思，从而使该合同成为一份"有名无实"的 CIF 合同。此种情况下，卖方将货物装船后，仍然要为货物到达目的港之前的一切风险和损失承担责任。但实际上，在货物交由承运人掌管后，卖方实际上已经丧失了对货物的实际控制权。让卖方在其已经丧失了对货物的实际控制权的情况下继续承担责任和风险，这非常不合理。尤其是对于路途遥远、时间较长的运输，途中会发生什么事情，谁都无法预料。

由此可见，上述案例中，风险仍应由卖方承担。我们在制定 CIF 合同时，应该慎用这种附加条款，以免造成不必要的纠纷。

与 CIF 相比，FOB 又是怎样的？我们看另一个案例。

广州公司以 FOB 条件向韩国公司出口一批冻火鸡。合同签订后，广州公司接到韩国公司来电，称租船比较困难，委托广州公司代为租船，有关费用由韩国公司负担。为方便合同履行，广州公司接受了韩国公司的要求。但经过多方努力，广州公司无法在规定的期限内在装运港租到合适的船，广州公司和韩国公司协商希望可以变更装运港，但韩国公司拒不同意。结果，装运期届满时，货物仍未装船，韩国公司最后以销售季节即将结束为由，来函指责广州公司未按期租船履行交货义务，同时要求撤销合同。

在这种情况下，广州公司是否可以进行抗辩，要求韩国公司继续履行合同呢？

答案是：广州公司可以拒绝韩国公司撤销合同的无理要求。因为根据 FOB 条件成交的合同，应由韩国公司负责租船订舱，并负责办理货物运输保险，支付保险费。广州公司仅仅是接受韩国公司的委托代为租船订舱，不承担租不到船的法律责任。

就本案例来讲，广州公司代为租船没有租到，韩国公司又不同意改变装运港。因此，韩国公司无权以广州公司未租到船而延误装运为由要求撤销合同，相应法律后果应当由韩国公司自行承担。

在 FOB 的条件下，出口公司只需承担交易成本，而安排运输及投保均由买方自行承担，相比之下，出口公司承担的义务较买方轻一些，但是风险也会随之大一些，毕竟买方能控制的范围有限，比如船家。

海外贸易中，企业要如何选择用 CIF 还是 FOB？

企业应当根据其在合同中所处的不同地位，选择是以 CIF 条件还是 FOB 条件或其他贸易术语进行交易，确保合同利益最大化。出口时尽量用 CIF 等 C 组术语，而进口时尽量用 FOB 等 F 组术语，同时避免对术语增加附加条款来变动术语，以减少国际贸易中的交易不确定性。

（作者：王利伟、曹永明）

信用证一定能保证卖方收到款吗

我们聊聊关于信用证付款的话题。最实际的解读："信用证"是国际贸易当事方相互"不信任"的产物，它借助银行信用确保了跨境交易资金收支的安全。是否所有采用信用证付款的交易都能保证卖方收款安全呢？答案并非如此。

中国 A 公司出口货物到乌克兰 B 公司，B 公司向其国内开证行 C 申请开出远期信用证（90 天），位于中国境内 A 公司营业所在地的通知行 D 审核单证一致后，B 公司向开证行 C 付款领单提走货物，并销售完毕。但在信用证到期前，乌克兰发生内乱，一颗炮弹击中开证行 C 营业场所导致其停业，信用证到期前，A 公司多次向通知行 D 索要无果。

上述案例涉及两个核心问题，其一是通知行义务，其二是开证行的资信。

首先，我们谈谈在国际贸易中，作为指定银行之一的通知行的义务或职责。如果通知行同时又是指定的议付行，在本案例情形中，议付行是否有付款义务？

通知行是开证行在受益人当地的代理行，其职责具体为：①验明信用证的真实性；②通知行的审证责任。开证行开立信用证后，一般由受益人所在地一家银行通知受益人，通知行与开证行是委托关系，通知行接受开证行指示，及时传递信用证并证明其真实性，此外并不承担任何责任。如果开证行指示通知行以电报或电传通知受益人，并以随后的邮件为正式有效文本，那么通知行在通知信用证时就应把这一点说清楚。通知行所传递的指示如果不完整、不清楚，通知行可以向受益人发出仅供参考的通知，并不负任何责任。

《跟单信用证统一惯例》（UCP 600）第十二条规定，在指定银行（即前面所说的通知行）不是保兑行（担保行）的情况下，开证行在信用证中指定的银行承兑或议付信用证后，该指定银行并不因此负担了承兑或议付的义务，该指定仅仅是一种开证行的授权行为，是开证行单方面的意思表示，并不能产生为指定银行创设义务的法律效果。只有在指定银行明确表示同意并将其意思告知受益人的情况下，即在指定银行表明其同意接受这种授权并愿意承担义务以后，其才承担承兑或议付的义务。因此，本案例中，即使通知行 D 也是议付行，也不负有付款责任或义务。假如议付行承兑了信用证并付款给 A 公司，其无法从开证行 C 得到偿付，此时，议付行享有反向追索权，可向 A 公司索要该付款。

另外，此案例中还存在开证行资信审查的问题，作为受益人究竟应该关注开证行哪些方面的问题才能保证货款安全？

信用证能否得到有效兑付，开证行的资信是极为重要的因素。开证行的资信主要取决于资产的规模和质量、银行分支机构的多少、历史的长短、往来关系的好坏、业务的多少、过去的业绩等。对一些银行的资信情况，则可从其信用等级中了解。不清楚开证行资信的，应在仔细查清其资信后才能使用信用证；开证行所在国与出口商所在国无外交往来的，一般不接受；对于资信欠佳的银行，政治局势紧张或外汇汇率动荡的国家开来的信用证，建议出口商尽量分散风险，或请其他银行对信用证进行保兑。本案例中，开证行 C 应该是一家资金实力一般或全球分支机构少的银行，最终导致了 A 公司无法收回货款。

（作者：曹永明）

FOB 和信用证规则叠加的连环诈骗

董卓吕布貂蝉，王允设计连环。

美女分明不是药，宰相将军全完。

我给大家讲一个信用证诈骗的案例。

2015 年 6 月，佛山某公司与巴基斯坦马苏德公司签订设备买卖合同，向巴基斯坦出售 20 台线切割机，总价 230 万元。合同约定，采用 FOB 价格条款，付款方式是不可撤销即期跟单信用证。

2015 年 6 月 23 日，佛山公司收到通知行通知，告知马苏德公司的开证行已经根据合同的内容开出信用证，佛山公司可以交付货物了。6 月 24 日，佛山公司将货物运到马苏德公司指定的深圳南山码头交货。货物装船后，马苏德公司指定的货代将提单交付给佛山公司。

2015 年 7 月 5 日，佛山公司向议付行交付提单以及其他单据，请求交单付款。议付行书面通知佛山公司，由于单证不符，不能付款。

2015 年 7 月 28 日，佛山公司询问船公司，船公司答复，货物已经由买方通过提交副本提单和保函的方式提走了。

佛山公司被骗了，这是一个标准的信用证诈骗案例。那么佛山公司是怎样被骗的？问题出在哪里？

问题就出在 FOB 和信用证的规则当中，或者说，FOB 和信用证规则的叠加使用给骗子带来了机会。

要搞清楚这个问题，我们必须先明白什么是 FOB，什么是信用证，什么是提单。

FOB 是国际贸易术语解释通则里面的一个价格条款，其中包含了价格的构成，也规定了买卖双方交付的地点，以及风险、负担、费用的分界线。FOB 本意是离岸价。

在 FOB 规则中，卖方负责货物越过船舷之前的一切风险负担和费用，买方负责货物越过船舷之后的风险负担和费用。

依此规则，租船订舱的工作是由买方负责的。装船后，提票由买方指示船运公司、货代转交给卖方。买方租船订舱的时候完全有机会使得提单内容与信用证和合同有细微的差别并且不引起卖方的注意。即使卖方收到提单后马上发现提单有问题，货物也已经在船上甚至海上，做任何事情都为时已晚。

那么什么是提单呢？提单是承运人向托运人出具的证明货物已经交付托运的文件。

那么什么是信用证呢？信用证是买方银行向卖方银行出具的信函。这个信函的第一效用就是通过卖方银行告知卖方，买方在开户行里有足够的资金支付货款；这个信函当然要包括买卖双方签订的合同的内容，合同的内容要与提单的内容相符。信用证付款的条件是提单的内容与信用证内容相符。如果有任何不符，议付行有权拒绝付款。

在本案例中，买方在租船订舱时故意造成提单与信用证内容的不相符，造成卖方不能交单付款的局面。

买方通过与境外不法货代勾结或者利用有些船运公司接受副本提单加保函的弱点非法提取货物。

怎样规避这样的风险？

第一，尽量避免 FOB 与信用证配套使用，尽量使用 CFR 或者 CIF 价格条款或者其他价格条款；

第二，尽量指定中国境内的货代或者外经贸部批准的外国货代；

第三，要求货代公司出具保函，承诺必须有正本提单才能放货，否则赔偿损失。

（作者：邵建华）

此提单非彼提单，错了就钱货两空

下面跟大家分享的是一个公司因提交错误提单而遭受钱货两空损失的案例。

卖方佛山公司与买方越南公司签订了陶瓷销售合同，双方约定由越南公司负责租船。佛山公司发货，并随即根据信用证向负责付款的银行提交了包括租船提单在内的全套单据。几天后，开证银行却意外发出了拒付通知，原因是租船提单不可接受。佛山公司惊慌失措，百思不得其解，咨询律师后，律师随即建议佛山公司要求船公司留住货物，但万万没想到的是越南公司早就凭借银行保函要求船公司无单放货，货物已被飞速提走了。

为什么会出现上述案例中的情况呢？其实，依据国际商会《跟单信用证统一惯例》（UCP 600）以及《关于审核跟单信用证项下单据的国际标准银行实务》（ISBP 745）的规定，除非信用证明确要求租船提单，否则开证行不接受，可拒绝付款。案例中的佛山公司正是因为没有仔细审核信用证上对单证的要求，未能及时发现信用证中关于海运提单的"缺陷"，导致银行拒付。与此同时，越南公司通过银行保函要求船公司无单放货，最终导致佛山公司钱货两空，损失惨重。

既然提单那么重要，那么这些提单有什么区别呢？其实信用证载明的海运提单也称主提单，是一种提货凭证。但本案例中的租船提单并不属于独立的提货凭证。另外，随着货代公司不断国际化，货代提单（也称分提单）在贸易中越来越流行，但实际上主提单和分提单又存在着本质区别。

简言之，主提单是船公司签发的提单，而分提单是由货代公司签发的提单。只要有主提单，任何人都可以在目的港直接向船公司提货。分提单是货代公司基于主提单而发出的提单，需要在目的港指定代理或分公司换取主提单后，方可提货。

在以海运为运输方式的国际贸易中，出口公司需要严格按照信用证要求向议付行提供包括提单在内的全套单据，以避免因审核疏漏导致钱货两空。出口公司只有严格、仔细地审核提单等单证，做到单证相符，才能确保海外贸易安全，维护企业权益。

（作者：王利伟）

说好的"保险"为何不赔

国际物流，山高水长，购买海运险是防范国际贸易管理风险的重要措施之一，为了尽可能地得到最大的保险范围，一些公司会投保"仓至仓"条款的一切险。但现实中，"仓至仓"条款真能覆盖所有风险吗？我们带着这个问题，来看一个案例：

卖方：广东某服装企业

买方：印度某贸易公司

产品：服装面料

码头地址：珠海

双方签署了 FOB 合同，买方已向保险公司投保"仓至仓"条款的一切险。货物运到珠海港码头装运，装船前遭遇台风"天鸽"，集装箱进水导致货损，事后卖方以保险单含有"仓至仓"条款，要求保险公司赔偿，但遭到拒绝。后来卖方又请买方以买方的名义凭保险单向保险公司索赔，也同样遭到拒绝。

"仓至仓"条款（Warehouse to Warehouse）是指保险条款中的保险"责任起止"时间，即保险期限（Duration of Insurance）或保险有效期，就是保险人承担保险责任的期限。保险责任涵盖范围为从货物"运离"发货人仓库开始，直到"送交"收货人仓库时终止，中间包括：多次的转运、海轮与港口间的驳船运输责任，港口与仓库间的陆上运输责任，存放在港口码头库场待运期间的责任。"运离"是指货物一经离开发货人仓库，保险责任即开始，如货物装运车运离发货人仓库后发生翻车、落水或失火等货损货差，在保险险别的责任范围内，保险公司就应负责。"送交"是指货物一经送入收货人库场（这里是就以保险单内载明的最终港口或目的地的收货人库场而言），保险责任即告终止，在收货人库场内发生的货损货差，保险公司是不予赔偿的。

"仓至仓"条款往往使一般人产生误解，认为只要采用了此条款，无论在任何阶段发生的保险风险，其损失都可由保险公司赔偿。究其原因，主要是贸易风险的转移引起的保险利益的变化。其中的主要问题是：依照国际贸易习惯，买卖双方在海上运输中的风险，一般是以货物装船前后为界限来划分的，即货物装船前的风险由卖方承担，装船后的风险由买方承担，所以货物在装船前对卖方具有的保险利益在装船之后转移为对买方具有的保险利益。

案例中采用 FOB 贸易术语，"仓至仓"条款责任在货物装船后才转移给买方。装货前遭遇台风"天鸽"，货没有上船，风险没有转移，未触发"仓至仓"条款启动，因此保险公司不理赔。

那么，如何利用"仓至仓"条款进行自我保护呢？

（1）投保海洋运输货物保险时，应将自己作为被保险人，然后将保险单背书转让给国外进口商。这样可以利用外商支付的保险费，充分运用"仓至仓"条款的承保范围，使自己在装船前阶段的风险得到规避。

（2）办理运输货物保险时，要将所托运货物从内地到港口，又从港口到内地阶段的风险合并在一张远洋运输货物保险单中投保，这样可避免在整个运输过程中的陆运阶段（卖方仓库至装运港，目的港至买方仓库）另外购买保险。

（3）应注意"仓至仓"条款的时间界限，尽量在条款规定的时间范围内完成运输任务，如货物在港口停留时间不能超过60天。

（4）在中途要对货物进行出售或分配分派，货物抵达出售或分派地点之后就超出了"仓至仓"条款的范围，须另行购买保险。

（作者：曹永明）

地下钱庄不受法律保护

"地下钱庄"这个名词我们并不陌生，它是扰乱金融秩序的罪魁祸首。我们通过一个简单的案例了解一下地下钱庄对我国金融秩序的影响及其存在的法律风险。

李女士在深圳经营一家服装外贸公司，日常经营中需要将大量的人民币兑换为港币，但正规程序存在效率低、耗时长、税点高、额度受限等弊端，限制了日常用汇需求。在一次偶然的机会下，李女士经他人介绍认识了叶先生。叶先生来自汕头，自2015年起就跟随家人从事地下钱庄活动。李女士把自己兑换外币的需求告诉了叶先生，两人一拍即合。于是，叶先生负责联系香港有同样外币兑换需求的陈小姐。首先，由李女士将人民币转入叶先生的深圳账户，叶先生再转给香港陈小姐的深圳账户，同时香港陈小姐将港币转到李女士指定的香港账户。在交易过程中，叶先生从中收取千分之三的手续费。自此，一单地下钱庄交易即告完成。该案例是一个典型的跨境资金"对敲"（指资金在境内外实行单向循环，没有发生物理流动，通常以对账的形式来实现"两地平衡"的交易手法）的案例，后被警方破获。李女士因此也遭受了部分汇款无法追回的损失。

所谓地下钱庄，源于中国古语，泛指一种非正规的地下金融组织形态。它游离于国家的金融监管体系之外，利用或部分利用金融机构的资金结算网络，从事非法买卖外汇、跨国（境）资金转移或资金存储借贷等非法金融业务。在现代，个人、个体工商户、企业均可能隐蔽地进行地下钱庄操作。

许多人认为地下钱庄无非就是倒汇转钱提现，能有什么危害？实际上，地下钱庄的危害相当大。

首先，从国家层面说，地下钱庄生产周期短、资金周转快的交易特点决定了其具有隐蔽性。地下钱庄的交易模式一般分为境内和境外两部分，资金实际上并没有进行跨境转移，转移的只是境内境外资金的所有权。这样一来，监管机构就很难对该笔资金进行追踪，地下钱庄的交易数量难以统计，使得大量性质不明的跨境资金进入国内金融体系，这些不受监管、控制的资金一旦形成规模，势必会对我国金融市场的稳定造成冲击。

其次，地下钱庄会滋生和助长贩毒、走私、洗黑钱等严重的犯罪活动。这些犯罪活动组织无法通过正规的金融机构转移犯罪资金，因此一般是通过地下钱庄进入国内，严重危害国家安全和社会稳定。

最后，地下钱庄作为一种国家不认可的非法金融组织，对于地下钱庄的客户来说，其实存在各种法律风险。比如，公安查案时冻结了地下钱庄账户，其中包含某个客户的资金，此为涉案资金，有全部没收的风险；地下钱庄的潜规则一般需要客户先付款，假如钱庄收到钱后还未"对敲"就卷款跑路，由于涉及违法行为，客户资金很可能不受法律保护。

因此，律师在此告诫各位读者：

（1）地下钱庄在中国是违法组织，不受法律保护。地下钱庄一旦出现资金问题，随时可能卷款跑路，导致客户追款无门，最终受损。

（2）地下钱庄在操作过程中往往伴随着逃汇、骗汇、套汇、非法买卖外汇等行为，根据具体的操作模式，涉案人员往往会被认定为逃汇罪、骗购外汇罪、非法经营罪等罪名，最高刑期可以判无期徒刑。

所以我们要远离地下钱庄，切勿有侥幸心理。

（作者：王利伟）

出货后还未收到货款，两个企业用了两个办法

国际贸易，山高水长，需要采取必要的事前风险管控措施，而国际贸易中的收款风险管控应为重中之重。如何管控？先看两个案例：

佛山某大型陶瓷企业在与俄罗斯客户的销售订单条款中约定：总金额50万美元，出货前通过T/T支付50%的货款，货到目的港后通过T/T支付另外50%的尾款。但遗憾的是，卢布对美元汇率大跌，导致俄罗斯客户亏损严重，无力支付尾款，货到目的港滞留三个月左右，不但收回尾款无望，还产生大量滞港费。佛山企业打算启动法律手段索赔损失，但订单并无约定争议解决机构，依据中国法律只能在佛山某区法院启动诉讼。如果这样操作，获得胜诉容易，但到俄罗斯执行中国法院判决难度较大，所以通过诉讼挽回损失几乎是行不通的。

佛山某陶瓷机械设备销售公司与伊朗客户达成销售协议，合同总金额约1 000万元人民币。协议约定支付方式：T/T支付定金30%，出货前通过T/T支付20%，货到伊朗客户工厂安装验收合格后T/T支付30%，T/T尾款20%于质保期一年届满后支付。有意思的是，佛山企业是第一次做如此大金额的国际贸易，经验不足，部分货发出后才意识到交易存在非常大的收款风险，就立即暂停交易要求修改收款方式。最后几乎搞到伊朗客户崩溃，将付款方式换成L/C，但佛山企业的商业信用在伊朗客户心中几乎"碎了一地"。

这两个案例的共同点是：出货后还未收到货款！两个企业采取不同手段预防该风险：陶瓷企业选择了几乎不可能取得乐观结果的司法诉讼手段；陶瓷机械设备企业选择牺牲商业信用，强制要求把收款方式修改为"信用证"（L/C）。

那么，作为出口企业，究竟该如何管控国际贸易中的收款风险呢？

一般而言，国际贸易中常用的付款方式有 T/T、L/C、O/A（赊销）、托收或它们的结合。

采取 T/T，如出货前收到全款，这种方式风险最小，甚至可以放弃一些合同有利条款。

采取 L/C，要找到可靠银行作为开证行并避免不符点，例如中国银行在海外的分支机构。

采取 O/A（赊销），有三种风险预防措施：

（1）购买中信保，但应特别注意：①中信保能给予的最大赔率为90%；②因产品质量问题导致货款无法收回的，不在中信保承保范围。

（2）购买保理，保理商提前全额付款给卖方，卖方将对买方的债权转移给保理商，由保理商向买方主张付款。

（3）第三方提供担保，但第三方的偿付能力无法保证。如果真的遭遇买方不付款情形，如何促使第三方担保跨国履行担保责任？这些都是问题，所以建议慎用第三方担保！

此外，采取银行托收，无论是 DP（付款交单）还是 DA（承兑交单），风险都非常大，建议慎用。因为不管买方能否付款，银行都不对此承担任何责任，银行仅作为收付款工具的角色出现。

最后提醒大家一句，任何在出货前没有支付全款的贸易，建议争取在合同中加入有利于卖方的纠纷解决方式条款，约定在中国大陆境内的仲裁机构管辖［如中国国际经济贸易仲裁委员会（CIETAC）、中国海事仲裁委员会（CMAC）］，选择中国法律为准据法，如此合同设计可以保证一旦买方出现违约，卖方可以在家门口采取仲裁方式迫使买方赔偿损失或继续履约等，不会陷入被动"挨打"的局面。

当然，国际贸易付款方式或结算方式十分复杂多样，贸易风险隐藏于整个贸易流程之中，风险可谓变化多端。以上所述方式只是我的个人体会或经验，不能适用所有情形或交易结构，遇到具体问题要具体分析，顺势而为，不拘泥于成法。

（作者：曹永明）

第四章

知识产权保护

小心，商标上标注字母 R 的地域性

古人云："名不正，则言不顺，言不顺，则事不成。"意思是说，名正言顺才能堂堂正正做事情，才能取得成功。

我给大家讲一个字母 R 的案例。

2016 年，王老板给他的律师打电话，说为外国商户生产的产品在东莞被工商局扣押了。律师赶紧来到东莞，询问案子的实际情况。原来，王老板与英国一家公司签订了来样加工合同。合同约定，王老板为英国公司生产一批电磁炉，产品上要打上英国公司的商标，商标上标注字母 R，而这个商标没有在中国注册。产品生产出来了，王老板还把产品送到展销会上展览。结果受到举报，工商局将全部货物扣押。

由于电磁炉上的商标是使用冲压工艺打造在电磁炉壁上的，所有电磁炉被勒令销毁。祸不单行，英国客商发来律师函，要求王老板继续履行合同或者双倍返还定金。

那么问题出在哪里呢？问题就出在字母 R 上。

在商标上标注字母 R，意味着该商标是注册商标。根据法律的规定，只有注册商标才能在商标上加注字母 R。没有注册的商标加注字母 R 是冒充注册商标的行为。另外，商标具有地域性，只有在中国商标局注册了的商标才能在中国大陆境内作为注册商标使用。在外国注册的商标如果没有在中国注册，那么中国法律将不认为该商标是注册商标，在中国大陆境内不能标注为注册商标，也不能在商标上标注字母 R。

也就是说，在外国注册而在中国没有注册的商标，如果标注

字母 R，则应当认定为冒充注册商标，是违法行为。相关行政单位可以根据违法行为的情节和规模，对违法者实施行政处罚。

来样加工贸易是国际贸易中常见的方式，而这样一种贸易方式或多或少都会涉及商标、专利、技术秘密等知识产权问题。这也是作为生产者一方在实践中最容易忽略的问题。

那么，怎样规避法律风险呢？

从总体上讲，王老板应当更新观念，提高知识产权保护意识，既保护自己的知识产权，也尊重别人的知识产权，遵守法律的强制性规定。如果说保护自己的知识产权成功与否是一个经营风险问题的话，那么尊重他人的知识产权，遵守法律的强制性规定则是规避法律风险的方法。法律是以国家强制力保障实施的，违背法律的强制性规定就是试图与国家强制力对抗，后果不言自明。

如果从王老板的角度来看，在与委托方签订的来样加工合同中必须有知识产权条款。在这个知识产权条款里必须明确约定，委托方承诺其提供的设计方案不得侵犯他人的知识产权和其他权利，其提供的商标和专利等在中国合法注册，受中国法律的保护，因来样加工合同引起的商标或者专利侵权责任应当由委托方来承担。如果在商品上或者包装上有商标或者专利号，应当要求委托方提供中国商标或者专利的注册证书。

如果从委托方的角度出发，应当做到，商品到哪里，商标注册就到哪里。实事求是，是注册商标就是注册商标，不是注册商标就不是注册商标，不能冒充。也不能为了节约成本、省一道程序就逾越法律的强制性规定。

不能违反法律的强制性规定，不能有侥幸心理，名正而言顺，此乃生财之道，不可不察也。

（作者：邵建华）

等猪长大了再杀

曾子之妻之市，其子随之而泣。其母曰："女还，顾反为女杀彘。"妻适市来，曾子欲捕彘杀之，妻止之曰："特与婴儿戏耳。"曾子曰："婴儿非与戏也。婴儿非有知也，待父母而学者也，听父母之教。今子欺之，是教子欺也。母欺子，子而不信其母，非所以成教也。"遂烹彘也。

我给大家讲一个保护知识产权的策略问题——"猪长大了再杀"。

有人会说，上面分明是一个曾子烹彘，教育孩子信守承诺的故事，怎么能跟知识产权保护联系到一起呢？有一个小学四年级的学生李逸涵把故事改了，就和知识产权保护联系到一起了。小学生是怎么改的呢？话说曾子之妻听了曾子的话不以为然，对儿子说：彘肉好吃吗？小儿曰：好吃。曾子妻再问：愿意多食抑或少食？小儿曰：愿多食之。其母又问曰：而今杀之可食一月，待三月后杀之可食三月，今日食之抑或三月后食之？小儿对曰：三月后食之。故事这么一改，你就知道了，猪要等到长大了才能杀了吃肉。

这又跟知识产权保护有什么关系呢？

1999 年微软公司起诉亚都科技集团的案件拉开了微软公司在中国保护其软件著作权的序幕。其后，微软公司又对北京铭万智达公司、北京铭万信息公司、北京鸿日东方数码科技有限公司、北京鸿日新新电子技术有限公司、华龙证券有限责任公司、上海大亚信息产业有限公司等多家中国企业发起了诉讼。

从上面罗列出来的企业名称可以看出，微软公司起诉的都是有经济实力和社会影响力的大企业。据我所知，微软公司时至今日，在中国还没有发起过一起针对小企业或者个人的保护其软件知识产权的诉讼。

那么，微软公司为什么只针对大企业发起诉讼呢？

原因很简单，这些企业有足够的体量，有足够的经济实力可供赔偿，起诉他们可以造成较大的社会影响。相对于起诉小企业或者个人，起诉这些大企业可以得到较大的赔偿，起诉这些有社会影响力的企业足以震慑其他企业。

相同的案例也发生在佛山某大型五金厂保护其商标权的案例中。佛山五金厂是国内同行业名列前茅的企业，其商标有相当大的知名度。2009 年 9 月，佛山五金厂发现在广西某建筑工地有标注其商标的假冒产品。经过调查得知，仿冒其产品的是一家小型门窗厂，建筑工地上的侵权产品货值不足人民币 5 万元。

佛山五金厂打算委托律师对该小型门窗厂采取法律措施。律师向佛山五金厂建议，现在不要采取行动，因为不足 5 万元的侵权产品还不够追究对方的刑事责任。如果马上提起民事诉讼，法院判决赔偿数额也会相当有限，即使法院判决对方赔偿较大数额，对方也没有实力赔偿。到那时，只能赢得官司，却赢不回来钱。另外，该门窗厂规模小，社会影响力不够，即使官司打赢了，造成的社会影响也非常有限。

因此，律师建议：等猪长大了再杀。

2013 年，佛山五金厂发现，上述门窗厂在长沙的工地上有货值 70 万元的侵权产品，该厂的规模也已经扩大了五倍。律师向佛山五金厂发出建议，到杀猪吃肉的时候了。

经过一年的艰苦努力，通过向工商局报案，向公安经侦部门报案和向法院发起民事诉讼，佛山五金厂获得 300 万元的赔偿，门窗厂的相关人员锒铛入狱。一时舆论哗然，整个行业奔走相告。佛山五金厂不仅获得了较好的赔偿，也向社会宣传了自己的品牌，扫荡并收获了很大一块市场，经济效益和社会效益双丰收。

所以说，知识产权保护是一个策略性很强的工作，不要着急，等猪长大了再杀。

（作者：邵建华）

明明是我的商标，为啥还说我侵权

2017 年的一天，广东某服装公司的刘老板接到了广州海关的电话，被告知自己出口南非的服装涉嫌商标权侵权被海关查扣了。刘老板很困惑，自己公司的服装品牌明明全部都经过了商标注册，为什么会侵权呢？侵了谁的权呢？

经调查发现，刘老板涉嫌侵权的商标，是公司在 2007 年刚成立时注册的一个商标，而服装公司在十年的发展过程中，先后注册了数十个商标。这个老商标早已不再使用了。正是这个老商标，被海外经销商 Tommy 在海外申请了商标注册，同时在中国提起了"撤三不使用"的诉讼，撤销了该商标。因此，刘老板才被指责涉嫌侵犯商标权，其出口南非的服装被海关查扣。

明明是自己的商标，为什么能被别人注册？这里先解释一下"撤三不使用"。法律规定，一个注册商标，如果企业或个人没有正当理由连续三年不使用，那么任何其他单位或者个人可以向商标局申请撤销该注册商标。所以商标注册成功后如果长期不使用，商标权人还需谨防商标被"撤三"。

闲置多年的旧商标，经他人申请撤销后，刘老板的服装公司不知不觉中就失去了所有权。同时，由于旧商标也没有在南非注册过，服装要在南非销售，同样也涉及侵权的问题。

那么，"撤三"中的三年，又从什么时候开始计算呢？法律规定，连续三年不使用注册商标的时间计算，应当从申请人向商标局申请撤销该注册商标之日起，向前推算三年。

例如，海外合作伙伴 Tommy 在 2015 年提出撤销刘老板的注册商标的申请并自己申请注册，只要证明刘老板在 2013—2015 这三年内都没有使用该商标就可以了。

我们如何避免像刘老板这样的损失呢？避免商标"撤三"最重要的一点是要保留好商标最近三年使用的证据。哪些可以作为商标使用的相关证据？

（1）发票。真实有效的商品销售发票或服务提供发票，可以有力地证明注册商标的使用情况。

（2）广告。广告是企业宣传其商标、商品、服务的一种重要方式，是一种很好的证据材料。只要在与广告公司签订的广告发布合同中标识商标名称，就可以作为有效的使用证据。

（3）销售合同或者协议。在订立销售合同、签订协议时要明确标注商标，最好能写上注册商标的名称和注册号，为商标的使用留下有效的证据。

（4）产品检验报告。由上级质量监督部门、行业协会等权威机构出具证明商品品质的产品检验报告，因其手续严格，报告各项内容标注清晰，是一种很好的商标使用证据。

（5）包装物。单纯的包装物或容器由于难以确定其印制和使用的具体时间，还需要其他证据进行佐证，如委托印刷时与印刷厂签订的包装印刷合同等，合同要标明商标名称。

现实经营生产中，许多老板误以为商标注册成功后就万事大吉了，何时想用就用，不想用就放着以后再用。因为不懂法，不会采取保护措施，就有可能被竞争对手或有心人钻空子，夺走原有的商标注册权，甚至被对方反过来控告侵权。

市场经济中的老字号商标，往往承载着一家企业的历史、文化和经济价值，如果不注意加以传承保护，缺乏法律意识，就会像刘老板一样被动，或者丧失原商标注册权，或者要支付原注册商标使用许可费。

比如这位刘老板，律师只能建议他和对方谈判达成和解，给对方一笔商标权许可费用，以避免更大的损失。

（作者：王利伟）

进军陌生市场，专利排查开头

2014 年底，国内某知名品牌手机在迈出国际化的第一步，高调进军印度市场时，遭到另一品牌手机的专利侵权诉讼，要求在印度停止制造、销售、宣传该品牌手机。最终，印度法院裁定该品牌手机构成侵权并下发禁令，该品牌手机在印度智能手机市场的扩张计划被迫中断。此番受挫，对该品牌手机的全球市场开拓影响巨大。

该品牌手机进入印度市场遭遇滑铁卢的原因在于其忽略了专利保护具有地域性，在中国不侵权，并不代表在其他国家不侵权。如果该品牌手机能够在进入印度市场之前先进行专利排查，发现有涉嫌侵权的情况时，及时与权利人谈判获得许可，就不会出现被挡在国门外的情况了。

这个事件提醒我们，在海外开拓市场，特别是进入一个陌生的市场时，先进行专利排查从而确保当地渠道安全、避免产品被赶出市场是多么重要。花小钱保安全，这是一本万利的事情。

当今世界市场的竞争在很大程度上已经演变为人才和知识产权之争，企业要进军海外市场必须学会尊重和利用知识产权，这也是遵循国际惯例的必然选择。那么，中国企业如何避免因海外陌生的知识产权法律环境所带来的风险呢？

首先，要委托国内外的专业机构对拟出口市场的知识产权进行检索。通过检索能够对其知识产权状况有比较全面的了解，最大限度地避免产品侵犯进口国产品的知识产权；如果产品出口量比较大，建议在当地聘请知识产权律师为企业提供日常的咨询和服务，这样一旦发生知识产权纠纷，就可以第一时间介入处理。当然，最好的防御就是进攻，国内企业最好也在产品出口目的地进行知识产权布局。

其次，要建立专利预警机制，防患于未然。企业要成功地防范专利法律风险，需要建立一个专门的部门或者外聘专业机构来建立专利预警机制。在研发以及各类商业活动中重视专利风险的评估，随时跟踪行业内专利的动态，发布最新的专利信息给企业管理层，及时调整产品应对策略，将损失降到最低。

当企业发现自己的专利权被人侵犯时，应及时、全面地收集和保存相关方面的证据，为将来跟侵权人的谈判或诉讼提供充足"弹药"。包括：侵权商品实物、照片，侵权人销售侵权商品的发票，侵权商品的生产者与销售者、使用者之间签订的购销合同，侵权产品的技术资料等。

总而言之，我们既不希望无意或故意侵犯别人的知识产权，在自己被别人侵犯知识产权时，也要做好证据保全等维权的前期工作。

（作者：王利伟）

如何预防你的商标在海外被抢注

商标在海外遭遇抢注的情况并不少见，很多中国企业深受其害。自己辛辛苦苦经营的商标被人白白拿去抢注，自己再使用时，竟成了侵权人，天下哪有这样的道理？虽然心里很不服气，但法律归法律，没有人在乎你的心情。

我们应如何预防商标在海外被抢注？我们先谈一个案例：

广东某大型家电企业，在国内名气很大，知识产权保护意识较强，产品研发阶段一般都会申请知识产权保护，自有品牌产品出口前，也会在销售目的地国家或地区提前申请商标保护。在与客户签署协议时，附上商标样式，并明确商标已经注册，客户方不得注册，也不得打擦边球损害商标形象，否则将按合同约定承担责任。就这样一路走来，几乎不存在商标在海外被抢注的情况，生意做得风生水起。

我们再谈另外一个案例：

广东某大型陶瓷企业，在国内名气很大，但其商标在国外却频频遭遇抢注。最近三年，该企业主商标先后在加拿大、印度尼西亚、泰国被自己的经销商抢注，于是到处"救火"，可谓"焦头烂额"。

同样是国内大型知名企业，知识产权保护意识差距不小。那么如何弥补这个差距呢？中国企业如何有效预防商标在海外被抢注？

"三军未动，粮草先行"，商标保护道理亦是如此。产品进入某个国家或地区的市场前，需要先在人家的地盘申请商标保护。一些人天真地认为，自己在国内注册了商标，就可以得到全世界的保护，这样的想法大错特错。因为知识产权保护有地域性，也就是说，要想得到一个国家或地区的保护，必须先在该国家或地区相关政府部门申请登记注册，同时缴纳"保护费"才能得到保护，正所谓"此路为我开，此树为我栽，要从此路过，留下买路财"。

当然，有人会说，我小本经营，不知道将来生意会做得怎样，所以现在不想花那么多钱去注册商标，但又特别担心我的客户抢注我的商标，因为这些人非常清楚我的情况，如果经销商、海外业务员等抢注我的商标，怎么办比较好？

企业家都有一个会"算计"的大脑，成本控制永远是他们考虑的重要因素之一，这都可以理解，也非常务实。

对此，律师建议，在与海外客户合作之初，首先要与客户签署一份比较严谨的知识产权保护协议，明确具体被许可使用的商标及其样式（现实中很多协议只有产品而无任何商标信息，为后期维权带来了麻烦），同时要求客户向你出具一份类似《不侵犯知识产权承诺书》的文件。为何如此安排？设想一下，签了前面这些文件，是不是足以说明海外客户已经明确知晓商标是你的，如果再去恶意抢注，我们是不是就有理由启动诉讼程序去撤销它，夺回本属于自己的东西？因为世界上任何一个国家的法律都不会保护恶意抢夺财富的行为。但是，在此特别提醒，本方法听起来很完美，实施时如无专业人士指导，结果可能不那么美好！这种方法还有一个不足之处——它能比较好地防范海外经销商等我们熟悉的人，却无法阻止潜在的抢注人。

商标保护有两种办法，第一种方法是"事先预防，防患于未然"，第二种方法是"事后补救，为时未晚"，你会选择哪一种呢？

（作者：曹永明）

到德国参展，提防诉前禁令

我的客户中大部分是已经"走出去"的企业，每年都会参加很多国内外展会，比如柏林电子产品展会、汉诺威工业产品展、广交会等。国内很多企业都参加过广交会，多多少少了解广交会主办单位关于展会上发现侵权产品的处理办法，每个企业需签署《广交会展位使用责任书》，展厅内部设置由知识产权行政管理部门人员组成的知识产权和贸易纠纷投诉接待站，权利人认为某参展企业产品侵犯其知识产权，可以去投诉，工作人员调查后，采取不同的措施，比如自撤、暂扣、通报交易团、永久取消参展资格等；而欧美国家历来重视知识产权保护，在展会知识产权保护方面，也形成了很多行之有效的保护措施。我们主要以德国为例，向大家介绍如果在德国参加展会被控侵权，可能会遭遇什么样的情况。

我们先谈两个案例，通过对比了解德国在展会知识产权保护上的具体措施。

2012 年 8 月底，广东某企业参加德国柏林的电子产品展，此展会属于同类产品中世界级的展会，因此各方面要求都比较高。展会开始的第一天下午，土耳其专利权人的律师在法警的陪同下，向广东某企业出示了"诉前禁令"，要求其配合立即下架侵权产品，否则可能会面临严重的经济处罚或刑事处罚。事情太突然，广东某企业毫无准备，加之对德国法律也非常不熟悉，只能配合禁令要求下架产品，此次的参展计划也因此被完全打乱。

2015 年，在佛山举行的陶瓷产品展览会上，佛山某企业以山东某企业侵权其实用新型专利为由，向展会现场的知识产权维权服务中心提交申请，要求强制下架山东某企业涉嫌侵权产品，多方劝说无果。山东某企业非常抵制佛山某企业的申请，进而使维权中心的人也非常犹豫，不愿意采取进一步执法措施，导致佛山某企业多次申诉无果，最终只是暂扣部分涉嫌侵权产品，其他涉嫌侵权产品继续展出。

我们可能听过诉前证据或行为保全措施，但对诉前禁令却比较陌生，它类似于我国法律的行为保全措施，是指一种在起诉前停止侵犯知识产权行为的措施。

为了方便大家理解，我们先介绍一下我国知识产权保护中的证据或行为保全措施，常见于专利或商标侵权纠纷中。人民法院对于可能因当事人一方的行为或者其他原因，使判决难以执行或者造成当事人其他损害的案件，根据对方当事人的申请，可以裁定对其财产进行保全、责令其作出一定行为或者禁止其作出一定行为。

保全措施制度的设置目的是给权利人提供及时有效的法律保护，以免权利人因拖延决定而遭受无法弥补的损失。

那么，德国法的诉前禁令是什么？它为何有如此大的威力？如何申请？又是如何执行的？

1. 适用案件类型

诉前禁令适用案件本身法律关系简单，可以由法院简略的诉前禁令程序处理，而无须进行口头审理的案件。但在专利侵权案件中，德国法院一般不会直接颁发禁令，除非涉案的专利此前已经成功地受过异议、无效程序的考验。所以要格外注意，商标或著作权或显而易见的外观设计产品都会是权利人重点攻击的对象。

2. 申请时间

申请人应在发现侵权行为 4~6 周内向法院申请诉前禁令。法庭将视具体情况决定是否有必要在作出裁定之前听取被申请人的陈述。在展会期间，从申请到执行禁令的时间一般只需要 4~6 小时。

3. 申请条件

诉前禁令适用条件：①案件具有紧迫性、迫切性，不采取临时措施，申请人将遭受不可弥补的损失；②案件本身法律关系简单，可以由法院通过简略的诉前禁令程序处理，而无须进行口头审理的案件；③申请人需要宣誓声明。

4. 被申请人的陈述或答辩

在紧急情况下可以不进行口头答辩。实践中，尤其在展会中，由于时间短，通常法院不要求或通知被申请人答辩或陈述任何意见或听证。

5. 诉前禁令的送达与执行

法院一旦颁发诉前禁令，申请人就必须在收到诉前禁令后 1 个月内送达被申请人，逾期法院将取消禁令。申请人会在法警的帮助下自行把诉前禁令送达被申请人，被申请人必须立即无条件执行诉前禁令。如果禁令要求查封产品或下架产品，法警会严格按诉前禁令要求执行。如果被申请人拒不执行，经申请人申请，法院会下令最高 25 万欧元的罚款或监禁。

6. 对诉前禁令的异议

被申请人有权向颁发诉前禁令的法院对诉前禁令提出异议，但异议期间不停止诉前禁令的执行。法院收到异议后必须开庭，但是给被申请人准备的时间几乎没有。

7. 诉前禁令的效力何时终止

诉前禁令一旦签发，其效力会延续到后期主程序作出生效判决为止。

8. 被申请人的索赔权

如果主程序证明诉前禁令无正当理由，申请人应该赔偿被申请人因诉前禁令执行产生的损害。

以上是对诉前禁令的简单梳理，参展企业应该特别注意诉前禁令，因为禁令的取得相对容易，执行也比较容易，而对被指控侵权人的影响很大，几乎可以完全打乱被指控侵权人的参展计划。

（作者：曹永明）

"栽"在警告函下

下面所讲案例的场景仍然在德国展会上。

2015 年某一天，广东某公司的刘总突然被告知，公司到德国参展的产品被扣了，必须缴纳罚款才能离开德国！原来，刘总在两年前参加德国慕尼黑展会时，有人送上一份《专利侵权诉前警告函》，刘总稀里糊涂地签署了专利侵权警告函，这份警告函里面有赔偿损失条款，要求刘总支付侵权损害赔偿金。参展结束回国后，刘总早把这件事抛到九霄云外了，自然也没有支付侵权损害赔偿金。一年后，权利人早有准备，向法院申请了强制执行，"请君入瓮"，静待刘总！

德国是制造业强国，其展会业也非常发达，展会知识产权保护经历了"由乱而治"的过程。展会业发展初期，侵权和盗版问题十分严重，直接影响到展会的品牌和声誉。德国各大展会公司针对这些问题采取了一系列的措施，如法兰克福展览公司发起的名为"法兰克福展会反盗版"行动，极大地打击了展会侵权和盗版行为，维护了德国展会业的品牌和形象。

德国展会中，专利权人通常会采用两种途径维护自己的合法权益：①诉前警告函；②申请法院颁布禁令，强制涉案产品下架或查封展台。前面我们已经聊过法院诉前禁令，下面着重谈谈诉前警告函。

德国《专利法》规定，如果专利权人在诉讼前没有向侵权人发出侵权警告函，而诉讼中侵权人承认（自认）了侵权行为，则专利权人在胜诉的情况下也需要承担相应诉讼费。因此，在发起正式专利侵权诉讼前，专利权人会先发出诉前警告函。

被警告人需要在警告函上签名。该签名具有以下约束力：①承认侵权的事实；②同意立即停止侵权，承诺不再作出侵权行为；③就侵权行为承担赔偿损失，案例中刘总就"栽"在这里；④如果再次出现侵权行为，则应当支付惩罚性违约金。

鉴于警告函具有上述法律效力，被警告人应调查专利的状态，慎重考虑是否在警告函上签字。如果经调查认为侵权警告有道理，应当立即停止侵权行为。如果认为对方要价太高，在合情合理的基础上，就停止侵权的条件重新与对方达成一致意见。如果是在参加展会时接到侵权警告函，在可以承受的范围内，建议尽早与警告人达成一致，避免警告人申请法院诉前禁令。

企业在"走出去"的过程中，能否合法应对和遵守当地国家规则和制度，是衡量其国际化运作水平的重要标准。

（作者：曹永明）

防止德国展会产品被下架之武器

我们谈谈作为参展方如何预防产品因涉嫌侵犯知识产权而被下架的话题。

企业到海外参加展会，需要提前做很多准备工作，如果没有做好专利侵权排查，一旦权利人申请法院禁令，就可能会打乱整个参展计划，所有的付出将会"竹篮打水一场空"。

佛山某大型家电企业，2012年参加德国柏林秋季电子产品展，参展前，根据业务反馈信息及公司之前的诉讼案件分析，认为竞争对手——一家德国公司很可能会利用知识产权制造麻烦，申请法院禁令下架参展产品。对此，客户积极应对，在德国律师的协助下，佛山家电企业在展会开始一周前向法院提交了"保护信函"，详细阐述了参展产品不侵犯知识产权的理由及证据，之后底气十足去参展。对方果然向法院提交了诉前禁令，法院收到诉前禁令后，组织了一次小型听证会，双方代表各抒己见，最终法院支持客户的保护信函，没有签发诉前禁令，客户顺利完成展会活动。

所谓保护信函，就是提前向法院提交一份书面文件，详细分析参展的产品不侵犯任何知识产权的依据及理由，相当于提前告诉法院参展的产品是不涉嫌知识产权侵权的，预先防范潜在竞争对手在己方毫不知情的情况下"突然袭击"，向法院申请诉前禁令强制下架被主张侵权的产品。

在德国展会上，反制诉前禁令最有效的措施就是申请保护信函。有意思的是，保护信函并不是德国《民事诉讼法》规定的正式法律文书，但其在知识产权纠纷案件中的使用非常广泛，已经成为一种习惯，是德国独有的知识产权保护手段。下面具体介绍一下这项制度：

1. 保护信函的主要内容

在保护信函中，最核心的内容是从法律角度论证为什么应该拒绝签发诉前禁令，包括论证不构成侵权，或者作为申请基础的知识产权应当是无效的，或者案情十分复杂，不宜通过签发禁令解决。

2. 保护信函的提交方式和对象

实践中，任何人都可以签署保护信函并向具有管辖权的法庭提交。提交方式有两种：第一种是将保护信函上传至统一登记系统中，将其传入一个统一运作的数据库中，避免逐个法院一一提交。但现实中，仍有几所法院没有使用统一登入系统，因此不要忘了向这些法院提交纸质保护信函。第二种是向所有具有管辖权的法院提交一份纸质版的保护信函。

实践中，除了向法院提交保护信函外，最好也将保护信函副本提交给各地区的检察官以及负责德国全国知识产权边境查封的海关总署，防止他们听信一面之词而查封或扣货。

3. 法院对保护信函的处理

法院收到保护信函会保存 2 ~ 6 个月，当法院收到诉前禁令时，工作人员会检索该法院是否已经收到与之相关的保护信函。如有，法院会将诉前禁令和保护信函一并提交给法官，法官会同时审查两份文件。法院对裁定结果有自由裁量权。

4. 保护信函的价值

保护信函的价值在于当遭遇诉前禁令时，保护信函是被控侵权人可以陈述自己主张的唯一机会，可以防止出现不公正的诉前禁令。被控侵权人就不必担心在毫不知情的情况下突然收到一份已经生效的诉前禁令，为自己争取了在法官面前表达观点的机会，大大降低了风险。

（作者：曹永明）

知识产权侵权，三个途径免责

我们谈谈如何通过合理设计合同条款以达到避免或减轻知识产权侵权责任的效果。

美国大型家电品牌商 GE、伊莱克斯、特灵等与佛山某企业签署产品年度采购合作协议，采购微波炉产品。合作之初，协议关于知识产权侵权责任的约定可谓"简单粗暴"，就一句话："出现任何知识产权侵权纠纷，均由产品生产商承担所有责任，包括间接损失等。"这样的约定，特别不利于佛山企业，但为了业务发展，佛山企业还是接受了。

加拿大某大型超市与佛山某企业签署产品采购合作协议，采购饮水机产品。就知识产权侵权责任，协议约定一句话："出现任何知识产权侵权纠纷，均由产品生产商承担所有责任，包括间接损失等。"非常不幸的是，果真有一家加拿大企业起诉该超市销售的饮水机侵犯其知识产权，加拿大超市积极应诉后最终胜诉了，由此产生的费用都由佛山企业承担，这笔费用远远超出了产品销售利润。

两个案例中，两家佛山企业都是因为约定的合同条款对己方不利而不得不承担极大的责任风险。作为制造商的中国企业难道必须承担知识产权侵权责任吗？答案是否定的。专利侵权责任条款的约定，不论具体贸易形式如何，面对强势的外国采购商，中国企业可以根据不同的情形从以下几个方面据理力争：

（1）如果由外国采购商提供产品技术资料，中国企业仅提供生产加工服务，相对于外国采购商，中国企业对生产产品所涉及的技术是否侵犯第三人知识产权负有较低的注意义务或没有注意义务，因此应在合同中明确不承担任何知识产权侵权责任。

（2）如果中国企业提供技术资料且生产加工了产品，相对于外国采购商，中国企业应对生产产品所涉及的技术是否侵犯第三人知识产权负有较高的注意义务，因此可以在合同中尽量模糊或不约定或口头约定关于知识产权侵权责任。

（3）如果中国企业与外国采购商都参与了技术研发或提供了各自的技术资料，中国企业提供产品生产与加工服务，双方对生产产品所涉及的技术是否侵犯第三人知识产权负有等同的注意义务。此时，中国企业可以从以下几个角度在合同中降低知识产权侵权责任：

①明确仅对自己提供的技术导致的专利侵权负责，对由外国采购商提供的技术导致的专利侵权不承担责任。

②明确一旦遭遇诉讼，中方企业有权主导诉讼，但外国采购商应及时履行通知和配合的义务，否则中方企业有权拒绝赔偿损失。

③明确一旦遭遇专利侵权纠纷，中国企业仅承担由此导致的直接损失，排除任何形式的间接损失。

④如果产品销往美国，在纠纷解决方式条款中应明确约定排除适用陪审团判案。在美国，陪审团由普通民众组成，而他们往往会认为"中国制造"不尊重知识产权，因此不要期望由这些人组成的陪审团能作出对中国企业友好的裁决。

补充一点，无论是前述哪种贸易形式，都应明确约定产品应在约定区域销售，外国采购商超区域销售产品而导致专利侵权的，中国企业不承担责任。

（作者：曹永明）

电商平台销售的产品侵权，将遭遇双重损失

一般人对淘宝、京东等国内电商巨头都比较熟悉，对海外电商（如亚马逊）也不会陌生。但如果你在电商平台上销售了侵犯第三人知识产权的产品，电商平台会如何处理这些产品呢？是允许你继续销售，直接下架侵权产品，还是等拿到法院判决或禁令才会下架？

每年"双十一"是中国人的"消费狂欢节"，各大电商平台卖家提前准备大量产品，期待"双十一"销量一路飙升，喜笑颜开，数钱数到手软。然而，对于中山市某牛仔裤经营者吴总而言，2017 年的"双十一"就是一场灾难，其苦心备战的"双十一"销售计划因为商标侵权戛然而止，在"双十一"前一天，网店被封。原来吴总加工生产的牛仔裤品牌，是刘某在中国抢注的美国 A 品牌商标，并许可给了吴总生产。在此之前，美国品牌方通过中国商标局启动异议、撤销之诉，并取得了阶段性胜利。而刘某并未事先告诉吴总 A 品牌商标已被撤销的相关事实，因此吴总一直蒙在鼓里，铆足了劲儿备战"双十一"。美国品牌方拿到阶段性胜利文件及之前持续投诉的记录，要求淘宝查封销售侵权产品店铺，断开网络连接。淘宝依据相关规则，在 2017 年"双十一"的前一天，断开了所有销售 A 品牌牛仔裤网店的网络连接，各店铺损失惨重，不得已走上了"维权之路"。

概括来说，淘宝、天猫网店对侵犯商标的处罚规则是"扣分"制，不同的分数对应不同的处罚后果，具体如下（更详细的

情况可登录"阿里巴巴集团知识产权保护平台"查询）：

累计扣分	处理方式
12～23 分	警告
24～35 分	限权 7 天
36～47 分	限权 15 天
48～59 分	限权 30 天
60 分以上	关闭账号

佛山某橱柜生产企业主要通过亚马逊平台在美国市场销售橱柜产品，防范知识产权侵权风险历来是企业主莫总最关注的事情之一。但很不幸，2017 年 10 月份，莫总获知其佛山公司在美国被竞争对手起诉。让莫总特别忧心的是，因其在亚马逊销量较大，账户中已有约 500 万元的货款，一旦亚马逊对其采取措施，货款可能会被冻结，整盘生意会受到较大影响。

针对在亚马逊的知识产权侵权纠纷，权利人往往有两种途径解决：

第一，向亚马逊知识产权保护部门发送邮件投诉，亚马逊会初步判断投诉是否成立。但应注意，亚马逊对侵权投诉采取有利于投诉人（权利人）的"从严标准"，往往会先禁止卖家发布商品，停止交易，然后帮助卖家与投诉人建立沟通渠道，直到卖家与投诉人达成和解意见，才会允许卖家重开店铺。

当然，与天猫平台一样，针对同一卖家、持续多次的知识产权侵权投诉，会导致店铺永久关闭的后果。

第二，固定侵权证据，向法院提起侵权诉讼。诉讼启动，会对卖家造成负面影响；同时，投诉方还可以申请法院诉前禁令，查封卖家店铺账户，下架侵权产品，禁止一切销售行为。将卖家拖入耗时耗力耗费用的诉讼程序中，最后迫使卖家高额赔偿。

综上可见，尽管上述两家著名电商平台对侵犯知识产权投诉的处理规则不同，但反对知识产权侵权的态度是明确的，情况严重的，都将面临侵权产品被下架的风险。

（作者：曹永明）

海外专利侵权诉讼成败之关键一招

如果你的产品出口欧美、澳大利亚等发达国家，请关注海外专利侵权攻击与防守的问题。因为这些国家对知识产权保护的态度是非常积极认真的，专利侵权的后果是严重的，律师费与侵权赔偿可能成为"不能承受之重"。

佛山某照明企业的老板很年轻，也很有才华，自主设计了一款照明产品，2017年2月在英国申请了一项外观设计专利，获得专利权利证书后很快就发现，英国一家世界五百强企业在销售一款与其专利产品非常近似的产品。年轻的老板开始了维权之路，试图通过谈判获得专利实施许可费用，于是就联系上了与其相熟的对方中国区负责人，表达了权利主张。对方非常紧张，态度极其认真而诚恳地请求年轻老板先不要采取任何行动，给他一周时间，就其产品是否侵权作出专业判断。一周后，对方答复：我们律师说了，第一，我们的产品不侵权；第二，你们的专利稳定性不强，极有可能会被认定无效，无法成为"攻击竞争对手的有效武器"。就对方的回复，年轻老板表示不能接受，很沮丧。问我的意见，我给的答案是：宁可相信是真的，然后去弥补。老虎捕杀猎物，捕杀技巧当然重要，但没有好的牙口，终会让猎物逃脱。

佛山某家电企业在德国有三家贴牌客户，同一款产品贴不同的牌在德国市场销售，产品供应合同约定：专利侵权责任完全由佛山企业承担。该约定非常简单也很直接，哪想到竟成了现实。

突然有一天，专利权利人——土耳其某家电巨头企业向德国三家客户发出专利侵权警告函，称该产品侵犯了其在德国注册的实用新型专利权，要求每个客户赔偿150万欧元。随即启动诉讼，将德国三家客户分三个案件告上法庭。德国的专利侵权案，一般需要聘请两位律师，一位是精通技术的专利律师，另一位是精通法律的律师。由于涉及同行之间的商业秘密保护问题，三家客户不同意请两位律师同时代理三个案子。这就意味着三个案件需要请六位律师，佛山企业需要支付六份律师费！每个月账单如雪花般飘来，还未到一审庭审，就消耗律师费近280万元人民币，如此下去难以为继啊，必须按下STOP键！但是，要知道，诉讼一旦启动，不是你说停就能停的，主动求和，恐怕对方会狮子大开口，所以必须有策略地积极创造和解的机会，启动专利无效程序，最后把对方逼到谈判桌上，签署和解协议，赔偿8.2万欧元，结束持续了两年多的纷争。

两个案例，两家中国企业，第一家企业主动进攻，第二家企业防守反击。攻防之间，主动权就移位了，为何？专利本身质量出了问题，拿一个脆弱到能被对方给无效掉的专利主张专利侵权，就好比我们自认为有一把"利剑"，磨刀霍霍砍向对手，结果对方稍作反击，"咔嚓"，利剑断成两节，谈何进攻？

所以，专利稳定性强，便具有"进可攻，退可守"的主动；相反，专利稳定性弱，则落得"高高举起，轻轻落下"的被动，成败的关键在此。

（作者：曹永明）

第五章

公司运作及管理

用好合规监管

从 2016 年底开始，美国证监会向多家存托凭证银行发出传票，调查这些银行是否有市场滥用、税务欺诈的违法行为。2018 年 6 月初，德意志银行（以下简称"德银"）CEO 发布声明称，德银一直都在对自身问题进行修复，以加强其内部管控环境和基础建设，缓解公司内部和监管部门的担忧。而仅仅过了四五十天，德银的美国存托部门为了减轻处罚，同意向美国证监会支付 7 500 万美元。这是近三年以来德银第八次被罚款，累计支付罚金已超过 84 亿美元。这一事件对德银的合规监管无疑是个极大的讽刺。

所谓合规监管，是指一个公司（或者其他合规主体）的经营行为必须遵守及履行法律法规、监管政策、行业准则和标准，以及公司内部准则中所规定的义务和要求。它通常有三重含义：一是企业在生产经营过程中要遵守法律法规，即企业要遵守公司总部所在国和经营所在国的法律规定及监管规定；二是企业经营要遵循企业内部规章制度，包括企业商业行为准则的规章；三是企业员工要遵守良好的职业操守和道德规范等。

经济日益全球化，跨国公司成长为全球型公司，企业处于全球价值链上而展开竞争。在这样的背景下，我们如何建立有效的合规管理体系，帮助公司或高管避免刑事责任及重大罚款呢？根据法律实践，提出以下的建议：

（1）要有独立合规机制，最好设立合规官职位，并确保合规官可以直接同公司最高管理层交流。

（2）建立员工的行为规范准则和相应的规章制度。

（3）定期进行企业内部合规学习培训，做好培训记录并予以保存。

（4）建立有效的员工与管理层沟通渠道，让员工能够切实反馈问题，不得施压、打击报复反馈的员工。

（5）内部调查并纠正发现的问题，对违纪员工（包括经理及高管）给予纪律处分。

（6）建立产品技术分类项目和确定潜在的出口许可要求。

（7）建立对产品技术接触的防范措施和录用外籍员工的制度。

（8）常规监测风险，并持续改进合规管理体系。

要重点提醒的是，若仅仅制定合规制度，而不在实际中严格执行，带来的风险责任会更大。在前面提到的德银一案中，应该说德银是德国国内较早建立完整合规体系的公司，在已经受到美国政府调查的情况下，公司法务及高管向美国政府提供了合规审查、避险方案。可遗憾的是，公司高层以为只要提交这个方案就万事大吉了，根本没有真正考虑过执行方案。虽然公司也聘请了美国指派的合规机构进行合规监管，但方案在内部没有真正得到落地执行，最终导致公司的合规管理完全失控。

近年来，我国企业国际化发展战略快速推进，但部分企业在国际化经营过程中也暴露出对合规风险重视不够和应对不力等情况，导致国际化经营遭受巨大的损失。因此，开展国际化经营的中国企业需要高度重视并强化合规经营，把合规经营作为公司国际化发展战略的基石，积极主动应对合规风险，才可能在国际化经营中实现持续稳健发展。

（作者：王利伟）

"中国式合伙"，缺的是规则

这几年流行一句话："雇佣时代已经结束，合伙时代已经到来"，好像全民都在搞合伙制，其实不然，因为真实的合伙没有听起来那么美好。相信有读者看过电影《中国合伙人》，该电影以新东方教育集团几位创始合伙人合伙创办新东方集团的故事为素材，其中的兄弟情谊、利益纠葛、人性阴暗，读者可以自行体会。这都是别人的故事，我们聊聊有关佛山企业家合伙人的故事，先说两个案例：

赵总与范总为某 MBA 班同学，赵总本来是开工厂做实业的，范总经营美容保健行业，后来两人一见如故，多次商谈后，决定由赵总投资 250 万元收购两家美容院，由范总与其另一位好友李某实际经营。三人决定长期合作，为此还签署了相当于"投名状"的一份简单的《诚意合作书》。可非常遗憾，合作不到两个月，范总突然告诉赵总她不干了，要做其他项目去了，赵总听后当然是一百个不愿意，心生怨恨！前面交代过赵总原本不是从事美容行业的，对该行业一窍不通，是范总把她带入"坑"的（按赵总的原话），岂能容她说走就走？可惜的是，之前没有就如何散伙作出约定，到这个时候，她们只能相互开撕、明争暗斗，"同学"变成路人！

企业家曾总多年致力于不锈钢产品，苦心经营，生意不错，但苦于美国对原产于中国的不锈钢产品征收高额反倾销税，不得不思考远赴越南建厂，以规避反倾销税。经多方打探，他认识了两位中国人。三人草草签署了一份非常简单的《投资合作协议》，在越南设立了工厂。但遗憾的是，工厂从设立至今从未盈利。究其原因，主要是另外两位中国合伙人一直在"吃里爬外"，把公司的业务暗地里"截和"到各自掌控的其他公司去了，只有曾总将自己的业务源源不断地输入三人合作的越南公司。曾总知道事情真相后，非常生气，决定退伙不干了。但股东关系有时如同夫妻关系，想离婚，也得对方同意才行。多次协商不成，曾总只能先采用凌厉手段，强制遣散部分不"同心同德"的员工，安插自己人将工厂牢牢实际控制住，防止被人偷偷给卖掉。接着，他利用法律手段启动解散或破产程序，强制退出。一套组合拳打下来，曾总已经筋疲力尽。

上述两个案例的不同点是，一个故事发生在国内，另一个故事发生在国外；相同点是，故事人物都是中国人，中国人把在国内做生意的习惯或套路带到国外。很多中国人习惯了国内一套，认为中国的游戏规则是"放之四海而皆准"。这是大错特错的，应避免"中国式合伙"——简单粗暴地开始，你好我好，大家好；分手时，无规则可以依靠，认为对方各种坏，都是对方的错。

律师提醒大家，不论是在国内还是国外，找人合伙做事业，有几点务必清楚：①各个合伙人的价值观比较接近。②合伙人之间各有"看家本领"，在事业中可以优势互补。③制定好合作规则，这一点最重要，特别是提前设置退出机制，管理好各个合伙人对于散伙的预期。因为所有的关系，尤其是商务合作关系，都在动态发展中，而非一成不变。现实中，没有提前约定好合作规则和散伙规则的，到最后会有相当一部分人后悔不已，而天下没有后悔药。

（作者：曹永明）

庙算胜

夫未战而庙算胜者，得算多也；未战而庙算不胜者，得算少也。多算胜，少算不胜，而况于无算乎！

《孙子兵法》中的这段话意思是说，在战争前必须经过谋划，如果少谋划或者不谋划，失败是必然的。

我给大家讲一个叶老板投资南非失败的故事。

叶老板是青岛人，在国内开办多家制衣厂，生意做得风生水起。2010 年初，叶老板经人介绍到南非纽卡索投资 200 万元人民币开办制衣厂，要在南非开拓出自己的一片天地。工厂开工后，一切顺利，生意开始兴隆起来。

正当叶老板憧憬企业发展的前景时，他收到"劳资集体谈判委员会"罚单一份，罚款金额 400 万兰特（约 200 万元人民币）。理由是，叶老板给工人发放的工资没有达到最低工资标准。叶老板没有把这个委员会当回事，根本不予理会。两个月后，大批警察来到叶老板的工厂，强行登记财产，评估财产价值，没收财产。叶老板一夜之间被扫地出门，在南非开拓新天地的美梦被砸得粉碎。

怎么会出现这样的事情呢？这个"劳资集体谈判委员会"又是个什么样的机构呢？

据查，劳资集体谈判委员会制度是南非特有的工资制度，适用于多个行业。该委员会有 22 名代表，分别来自六家各地雇主代表协会和南非制衣和纺织工会。委员会每年召集会议，进行行业薪酬的集体谈判。谈判结果向社会公布。谈判决定的薪资标准具有法律效力。此外，委员会还负责监督全行业执行薪资标准。

也就是说，在南非，企业最低工资标准是由劳资集体谈判委员会定的。如果有企业违反最低工资标准，该委员会可以对该企业处以足以让企业倾家荡产的巨额罚款，而且这个罚款可以由警察参与强制执行。或者说，如果企业胆敢发放低于最低工资标准的工资，那么倾家荡产是必然的。

这个例子告诉我们：如果企业想"走出去"，到国外去投资，不能草率行事，必须依循到国外投资的基本步骤。

到国外投资的第一步就是进行可行性调查，也可以叫做尽职调查。而尽职调查里面最重要的内容应当包括投资目的国的法律制度，尤其是投资目的国的劳动法律制度、税收制度、公司企业法律制度等。

不了解劳动法律制度，你就不知道实际劳动力成本是多少；不知道税收制度，你就不知道有多少利润可以放在自己的口袋里；不知道公司企业制度，你就不知道怎样与别人合作，你的权益将如何得到保障。

在尽职调查的基础上，还应当请律师、会计师等制订投资方案。而这个投资方案里面不但应当包括投资数额、投资方式、投资进程等内容，还应当包括公司内部管理制度、劳动人事制度、财务会计制度等企业运作的方案和模式。律师参与尽职调查、制订投资方案就是为了保障这些内容的合法性，保障法律风险的全面规避，在合法的前提下最大限度地规避经营风险。

古人云："谋定而后动，知止而有得。"企业对外投资如同战争一样，必须经过严密的调查、精密的计算、周密的谋划，才能庙算胜，取得投资的成功。

（作者：邵建华）

海外并购为何要开展尽职调查

在国家倡导的"一带一路"大势之下，到海外收购公司、实现快速发展，已经是很多中国企业实现全球扩张或布局的重要手段之一，如美的集团收购全球机器人制造商德国库卡，使得美的集团在工业机器人领域迅速处于世界领先地位。但任何投资并购都有风险，跨境收购公司更是如此，因为不同国家有不同法律、语言、文化、产权制度等，控制风险的难度增大，所以有必要通过开展法律尽职调查预防这些法律风险。

佛山某企业与以色列代理商合作多年，关系良好。于是双方计划加强合作关系，由简单的产品代理关系变为股权合作关系，佛山企业收购以色列贸易公司大部分股权成为控股股东，并成为该以色列贸易公司的大股东。如同日常购买产品一样，购买公司股权也需要了解所购买产品的详细情况，一般会从财务和法律两个角度展开尽职调查。通过法律尽职调查，佛山企业发现以色列公司的实有价值的资产很少，最重要的是还有一笔1 000万美元的银行贷款，与银行的贷款协议中有这样的约定：贷款还清之前，以色列公司控制权发生变更的，应事先经贷款方（银行）同意。经与银行沟通，银行提出条件：除非以色列公司可以提前还款，否则就不同意本次股权收购交易。经综合考虑后，佛山企业放弃了本次收购，主要是因为佛山企业认为如果以色列公司提前偿还1 000万美元贷款，势必对收购交易后公司的运营造成严重影响，几乎没有现金流维持日常经营。

佛山某企业在收购马来西亚某公司时，通过法律尽职调查没有发现重大法律风险，但为稳妥起见，在支付收购对价款时做了一点特殊安排，即约定佛山企业将总收购款的20%（约200万元马币）先存入监管账户作为保证金。如果股权转让协议签署生效两年内，没有发现标的公司在股权收购前任何时间内存在影响其实际价值的行为或事件，满足前述这些条件才将约200万元马币支付给股权转让方（即原股东）。但就在两年期限届满前，标的公司被官方认定曾经存在偷税漏税行为，因此遭受约180万元马币的行政罚款。最后用留在监管账户中的保证金做了抵扣，佛山企业也算是"逃过一劫"吧。

前述两个案例，一个因法律尽职调查发现问题而放弃收购，提前预防收购风险；另一个虽然尽职调查未能完全揭示所有潜在风险，但也通过延期付款安排规避了法律风险，属于事中消除风险。

因此，为了最大可能地降低企业海外收购风险，对收购标的公司开展尽职调查非常重要。因为现实交易中，买卖双方信息是不对称的，卖方通常很清楚一些风险和义务，往往会尽可能地隐瞒一些不利事实，而买方收购前对收购标的公司一无所知，有必要通过实施尽职调查来补救买卖双方在信息获知上的不平衡。一旦通过尽职调查明确了存在哪些风险和法律问题，买卖双方便可以就相关风险和义务应由哪方承担进行谈判，同时买方可以决定在何种条件下继续进行收购活动。

可见，尽职调查的目的是使买方尽可能地知悉要购买的股份或资产有利的或不利的全部情况，据此决定是否继续进行并购程序。从买方的角度来说，尽职调查就是风险管控手段。如案例一中，通过尽职调查发现银行贷款对并购交易的重大影响，足以使佛山企业重新审视这次交易的风险及可行性，不会盲目投资收购。

（作者：曹永明）

海外并购，排雷先行，尽职调查，护你远航

国内某家电企业并购欧洲某彩电巨头彩电业务，是 2003 年中国企业国际化的标志性事件之一。2003 年 11 月 4 日，该家电集团与欧洲某彩电巨头正式签约重组双方的彩电和 DVD 业务，由此，该家电集团成为全球最大的彩电生产商。但是，这个原本被多数人看好的"跨国姻缘"，并购之后双方并没有实现预期的效应，最终该家电集团不得不于 2006 年 10 月忍痛将欧洲传统彩电业务砍掉。

为何看似前景无限的一次收购整合却以失败告终？根据公开和披露的信息，抛开市场因素，从法律的角度来看，收购整合失败的原因在于该家电集团没有在并购前聘请专业律师进行拟投资国的全面法律尽职调查，在不了解法国当地包括劳动关系在内的所有相关法律法规的情况下，贸然收购欧洲彩电巨头，导致一开始进行人力整合的过程就寸步难行，最终栽了跟头。

在收购之后，公司很快陷入了"招人招不到，裁人裁不了"的尴尬局面。该家电集团事先没有对法国人员解聘的政策及法律进行充分了解，法国法律对裁员的规定十分复杂，除了提前三个月通知外，还要支付高额的补偿金，如果裁员超过 10 人，补偿数额要由资方与工会谈判决定。该家电集团在收购企业后，因为工会的压力导致人事整合迟迟不到位，最终陷入不利局面。

那么，律师进行法律尽职调查主要调查哪些内容呢？

法律尽职调查是指在公司进行并购重组、证券上市发行等重大公司行为前，由律师进行的对准备收购的目标公司或者发行人

的主体是否合法有效，生产资质、资产和负债如何，有没有对外担保，有没有其他未完成的重大合同，有哪些关联关系，公司的知识产权、税务、环保、劳资关系，以及法律规定的其他一切法律问题进行的全方位调查。

这些调查可以帮助企业在海外并购过程中发现各种风险和陷阱，确保企业能够合法、顺利、有效地进行谈判和交易。

一次成功的并购受多种因素的影响，相关的政治、经济、法律、宗教、社会人文因素都要考虑。企业一定要学会借助会计师、律师、咨询机构等专业机构的力量，做好尽职调查研究工作，排除和降低国际企业并购中所面临的风险，这样才能使企业在国际并购中做到有备而来，尽兴而归。

（作者：王利伟）

门当户对

捭阖者，天地之道。捭阖者，以变动阴阳，四时开闭以化万物。纵横反出，反复反忤，必由此矣。

鬼谷子这段话的意思是说，世间万物是变化无穷的。要想做事成功，必须因势利导，因地制宜，且变幻无穷。

我给大家讲一个中国国有企业海外并购因"门不当，户不对"而失败的故事。

2008 年金融危机后，全世界的矿产市场走入低谷。这给中国企业海外并购创造了极大的机会。于是，中国企业尤其是有实力的国有企业投入海外并购矿产资源企业的大潮中。中国某公司就是这个大潮中的积极参与者。

中国公司是国有企业，是中国有色金属行业的龙头企业，在美国纽约、中国香港、中国上海三地挂牌上市，2016 年营业收入为 379 亿美元，综合实力位居全球铝行业前列。这样的一家公司却在收购澳大利亚力拓公司和蒙古南戈壁公司时遭遇失败。

在中国公司收购力拓公司股份时，澳大利亚的一项民意调查显示，超过半数的人认为应该抵制中国收购澳大利亚的矿业资产。澳大利亚的一些政客、媒体也采取种种措施阻挠和反对中国公司的注资。力拓公司董事会在强大的政治压力下违约，中国公司收购失败。

在收购蒙古南戈壁公司时，中国公司拟收购南戈壁公司 60% 的股权。蒙古矿产资源局出于国家安全的考虑，宣布暂停由南戈壁的附属公司拥有的若干许可证的勘探及开采活动。随后，蒙古国家大呼拉尔通过《关于外国投资战略领域协调法》，将矿产资源确定为具有战略性意义的领域，规定外资参股矿产资源企业股份超过49%需政府提交国家大呼拉尔讨论决定。蒙古矿产资源局的指令和大呼拉尔制定的法律直接导致该收购案的失败。

上述所谓政治因素或者国家安全因素都是从外国公司和外国公司所在国的立场来分析总结的，中国公司自身有没有问题呢？

律师认为，失败的原因归结起来就是"门不当，户不对"。有人说，这又不是谈恋爱、结婚，怎么有"门当户对"的问题呢？

第一，任何人、任何单位在与别人合作时都希望获得优势地位，至少要有平等地位。

第二，由于中国公司是国有公司，其背后是强大的国家，其实力远远大于任何一家企业。而国家的行为不只基于经济的考虑，在更大的程度上是基于政治甚至战略的考虑。因此，一般人都可以想到，国有企业的利益有时候不能与普通企业合作伙伴完全重合。

第三，国家之间关系的基调是竞争，或者说，任何国家都不愿意将自己的命脉掌握在别国的手里，这会使自己在国家竞争中处于被动的地位。

第四，在国家竞争的基调下，任何一个国家的政府都不得不考虑外国国有企业可能执行国家政策或战略。因此，被并购企业所在国政府干预外国企业并购本国有战略价值的企业就是理所当然的事情了。所以中国公司并购力拓公司和南戈壁公司股权就必然受到所在国政府的干涉。

那么，面对这样的局面，我们的国有企业该怎样参与海外并购，并且能够避免这样的干预呢？应当放低姿态，不要以国有企业自居；找替身，让民营企业代替自身投资。

鬼谷子云："捭之者，开也，言也，阳也。阖之者，闭也，默也，阴也。阴阳其和，终始其义。"意思是说，捭阖之术的精华在无穷的阴阳变化。学会捭阖之术，才能纵横天下，兆祥万邦。

（作者：邵建华）

是商机还是陷阱，它就在那里

我们来聊聊离岸公司。

佛山某公司与国内某跨国企业集团关系甚好，几年来，佛山公司都是根据企业集团的建议，按位于美国内华达州的子公司下的订单指令出口货物，然后再根据企业集团的内部财务整体安排，从企业集团回收货款。而且，出于对企业集团的信赖，出口业务量逐年上升。一天，佛山某公司听说内华达子公司竟然申请破产了，而这时还有大笔货款没回收。佛山公司赶紧去找企业集团，没想到企业集团说，真心对不起，我们一直都只是代为付款，你们的买卖关系跟我们没有半毛钱关系，我们没有义务主动替美国子公司承担债务。

真是"友谊的小船说翻就翻"。一下子，企业集团成了最熟悉的陌生人。而进一步的调查让佛山公司倒吸了一口冷气，原来这个美国子公司，竟然是一家彻头彻尾的离岸公司。

佛山公司踩中了离岸公司这个雷。传说中的离岸公司究竟是怎样的，离岸公司都是商业陷阱吗？所谓离岸公司，是一种设立在海外特定区域但不在注册地开展业务的公司，成立依据的法律要求很宽松，普遍具有"高度保密性、税务负担轻、无外汇管制"的特点。由于离岸公司设立在海外，当地监管也不严，于是带来了许多法律问题。除了滋生跨国犯罪行为，比较常见的就是像佛山公司遭遇的贸易陷阱，佛山公司只看到企业集团的家大业大，忽略了对实际下单收货方——美国离岸公司的评估和监控，让自己措手不及。

　　然而离岸公司真的仅仅是罪犯和骗子的天堂吗？显然不是。任何一种法律制度都有利有弊，无论你怎么看待，它都在那里。而且不可否认，离岸公司给中国企业的海外发展和扩大贸易等方面带来了不少便利和机会，国内许多知名企业都是通过离岸公司实现海外融资上市，更多中小型企业更是"八仙过海，各显神通"，利用离岸公司规避贸易壁垒和投资管制，减少企业运作成本和贸易税收。处于粤港澳大湾区的香港，就是全球著名的离岸金融中心之一。而佛山的企业本身也可以在海外开设离岸公司。所以，在贸易交往中遇上离岸公司并不奇怪，也没必要谈虎色变，或者敬而远之，但是正因常见，风险防范之心切不可无。

　　近些年，针对离岸公司存在的种种问题，世界各国政府纷纷出台相关的法律法规限制离岸公司的行为，以国内法的形式间接规范离岸公司的成立和运作。在我国，同样正在逐步完善对国内投资者开办离岸公司事宜的规范，目前主要针对以投融资为目的的"特殊目的公司"的管理。国家外汇管理局已建立了一整套外汇管制，只要严格遵守国家法律法规，投资者就可以利用离岸公司开展境外投融资及返程投资。当然，离岸公司的经营短板也很明显，务必慎重评估决策。

　　至于像佛山公司遭遇的贸易陷阱问题，一方面，商家自己要加强对离岸公司的风险防范，对合作伙伴要进行较充分的资信调查，尤其是那些来自世界知名离岸地的企业。如果了解到对方属离岸公司，则尽量要求对方提供履约担保，最好是国内的担保。对于类似上述案例这种以关联公司运作的合作伙伴，务必明确实际交易相对人是哪个公司。另一方面，万一遭遇了贸易陷阱需要求助司法救济，是否可能通过"揭开公司面纱"制度的运用、关联交易的撤销等方法尝试拆招，尽可能为踩中地雷的企业减少损失。

（作者：陈治艳）

白纸黑字，怎么可能说无效就无效

潘氏两兄弟在顺德开了一间家具公司，经营得不是很成功。有一次，潘某认识了从南非回来的严某，两人一见如故，成了朋友。一个月后，两人签订了一份《合作协议》，约定由潘氏兄弟向严某转让家具公司51%的股份，严某任公司董事长。

严某经常在中国和南非之间往来照料两地的生意，协议签订没几天就回了南非。

一天晚上，公司遭遇了一场火灾，彻底烧垮了公司的最后一丝生机！面对前来讨债的客户，心灰意冷的潘氏兄弟愤愤不平：公司都这样了，大股东兼董事长严某怎么还可以逍遥国外？于是，他们一纸诉状，把严某告到了法院，要求他回来共同承担公司的亏损。福无双至，祸不单行。没想到半个月后，严某仍然没见影子，潘氏兄弟却收到了法院的通知。原来，严某也把他们告了，请求法院判决双方签订的《合作协议》无效！

白纸黑字，怎么可能说无效就无效！潘氏兄弟奋力反击。可是经过一、二审的审理，法院既没说合同有效，也没说合同无效，而是未生效！

这合同的有效和无效好理解，但未生效是什么意思呢？一般的合同都是签了名盖了章就生效了，但有些合同，根据法律规定或者双方的约定，还要完备一些特别的要件，如果完备了，合同就生效；如果不完备，合同就不生效了。

那么，到底是什么原因导致这份《合作协议》被认定为未生效呢？严某的身份至关重要。

据说严某为了在国内更吸引他人注意，会介绍自己是南非商人。长期以来，外国籍商人在我国投资，不管这位商人长的是金发碧眼还是黑眼睛黑头发黄皮肤，都必须依法注册登记为外商投资企业，相关的协议、合同、章程等文件要报有关主管部门审查批准才发生法律效力。然而潘某说，他从来没听说过严某是外国人，在国外经商的不一定就是外国人啊！他说得没错，法院经过审查后发现，严某虽然长期定居南非，但一直持中国驻南非使领馆签发的中国护照出入中国边境。也就是说，他是一名居住在南非共和国的华侨。

华侨？那不就是中国人了吗？！那么，对于华侨，法律法规又是怎么规定的呢？这要追溯到1990年国务院颁布的《关于鼓励华侨和香港澳门同胞投资的规定》：华侨在国内投资设立的公司、企业，不属于法律意义上的外商投资企业。华侨在境内投资举办拥有全部资本的企业、合资经营企业和合作经营企业参照执行国家有关涉外经济法律、法规的规定，享受相应的外商投资企业待遇。也就是说，不管潘某知不知道严某是华侨，他们之间的合作协议都要经过国家相关主管部门审批才可能生效。至此，我们可以发现，原来严某从来都没有正式成为公司的股东，公司的债务跟他没有关系。

那么，潘氏兄弟冤吗？不冤。法院查明，在他们决定转让股权给严某的股东会决议中，一致同意不变更公司为外商投资公司。这证明他们对严某的特殊海外身份是知情的。而国务院规定：华侨投资者在境内投资举办合作经营企业的，由境内的合作方负责申请事宜的办理。

潘氏兄弟一时糊涂，搬起石头砸了自己的脚。

以上案例发生在2016年前，2016年底之后，我国对不涉及国家规定实施准入特别管理措施的外商投资企业的管理从审批制改成了备案制。但是只要属于外资，华侨在我国境内的投资行为都要接受相同的行政管理，不可简单等同于一般国内自然人的商业投资。

（作者：陈治艳）

聘用外国人，要办就业证

2017 年 2 月，东莞某电子厂的生产工人如往常一样在车间进行生产作业，负责人张老板正在车间对成品进行质量检查。此时，车间突然遭到了民警的突击检查，民警当场发现并控制了 8 名缅甸籍工人。随后，民警以非法容留聘用外国人为由将工厂负责人张老板及 8 名外籍人员传唤到派出所。这一路上，张老板就纳闷了，工厂因为过年期间劳动力短缺，为了完成订单雇用了几名缅甸籍员工，并且雇用的员工全部都有签订劳动合同呀，怎么会说自己是非法容留聘用外国人呢？

公安机关经过调查发现，虽然该电子厂已与 8 名缅甸籍员工分别签订了书面劳动合同，但是电子厂在签订合同后并没有为这些员工申办就业许可证，这些缅甸籍员工均为没有就业证及居住证的外国人，电子厂的行为已经涉嫌非法聘用外国人。因此，电子厂张老板及 8 名缅甸籍员工才被民警带回公安局进行调查。

那么，如果国内企业因工作需要确需聘用外国人的，应当遵循哪些规定及程序才能避免非法聘用外国人呢？

由于外国人并非我国公民，未依法获得许可的情况下并非我国劳动法意义上的劳动者。聘请外国人员需要严格按照《外国人在中国就业管理规定》，为该外国人申请就业许可证。另外，企业获得了就业许可证后还需按照《外国人在中国就业管理规定》，在被聘用的外国人入境后 15 日内，持许可证书、与被聘用的外国人签订的劳动合同及其有效护照或能代替护照的证件到原发证机关为外国人办理就业许可证。此外，因工作需要居留的外国人还必须在入境后 30 日内持就业许可证到公安机关申请办理居住证。

国内企业违反《外国人在中国就业管理规定》的相关规定，没有依法办理相关手续就聘用外国人，又会受到何种处罚呢？

法律规定，非法聘用外国人的，处每非法聘用一人 1 万元、总额不超过 10 万元的罚款；有违法所得的，没收违法所得。案例中，公安局最终根据此规定对张老板的电子厂非法聘用外国人的行为作出了罚款 8 万元人民币的行政处罚。张老板接到处罚通知后懊悔不已，万万没想到，自己当初为降低人工成本而招入工厂的缅甸籍员工，最终竟给电子厂带来了 8 万元的罚款。

希望各位老板能够从上述案例分析中吸取经验教训，聘用外籍员工一定要依法办理各种证件，以免因此遭受处罚。

（作者：王利伟）

第六章

"一带一路"投资风险

海外投资的"绿色出行"

"成功有险阻，苦战能过关。"中国企业"走出去"的道路从来就不是坦途，成就的背后总伴随着各种风险。

2014 年 9 月，作为最大的外商直接投资项目，科伦坡港口城项目破土动工，两国元首共同出席了项目开工仪式并剪彩，万众瞩目。然而仅仅几个月后，项目突然被斯里兰卡政府新任总统叫停，斯里兰卡方认为工程建设将导致破坏环境的后果。一停就是将近两年，直到 2016 年 8 月，中斯双方终于签署了港口城项目新协议，港口城项目才得以重新启动投入建设。

虽然这个事件背后还存在着更深层次的政治安全方面的原因，但是环境保护问题确实是中国企业在进行海外经营活动时很容易碰上的投资风险。许多产业，尤其是基础设施项目以及工业投资，客观上极可能会导致过度开采当地自然资源，大量排放废物，造成环境污染，损害所在国的可持续发展能力。

佛山企业在欧洲、非洲、中亚、东南亚等沿线国家，布局有地产、建材、铝业、机械、家具等污染性较大的产业投资。据报道，佛山陶瓷已经占据了非洲市场 70% 以上的份额。毫无疑问，环保风险是这些产业必须面临的。对于企业而言，一方面，企业需要遵守当地法律制定的环保标准，这可能会增加企业的成本；另一方面，企业如果不遵守当地环保标准，违反环境法律，将面临法律诉讼，甚至被迫关闭。

共建绿色丝路是"一带一路"倡议顶层设计中的重要命题，

世界各国对环境保护的标准和法律也越来越严格，很多国家制定了保护性法律，限制或者禁止外商投资破坏资源、污染环境的企业项目。因此，你需要提前了解和努力适应国外环境标准，减少生态环境问题带来的法律争端。

如果当真碰到了问题，你需要冷静应对，深入剖析商业风险的内容和性质，找出问题的症结。有时候可能确实是纯粹的环保法律风险，有时候也有可能像科伦坡港口城项目那样存在更深层次的争议，环保问题只不过是导火线而已，需要有针对性地化解。

在与对方谈判协商的过程中，除了完善自身原来可能没做好的措施和环节，还可以根据具体情况谋求更加合理有利的合作方案。比如科伦坡港口城项目，根据原有协议，中方将在科伦坡海岸新拓的土地上拥有 100 多公顷的土地权利，这让斯里兰卡新任总统和邻国印度深感忧患。中方对这项土地权利作了让步，换来了新上任政府的合作信任，还获得了额外的建设用地，确保工程得以继续推进，有效避免了投资损失的进一步扩大。

虽然一般企业不可能像科伦坡港口城项目建设方那样，在国家层面开展风险化解工作，但如果你因为各种投资风险而面临困境，不要忘记联系当地的中国使领馆。保护海外中国公民和中国企业的合法权益，是使领馆的职责，它将代表祖国站在你的身后，为你提供各种帮助和支撑。

（作者：陈治艳）

丢了 188 亿美元

古人有云："千金之子，坐不垂堂，百金之子，立不倚衡。圣人不乘危。"意思是说，有钱的人不坐在屋檐之下，以免被掉下来的房瓦砸到；也不倚靠围廊而站立，以避免倒塌的亭子伤到自身；圣明的人骑马的时候绝不狂奔，因为这很危险。总结起来就是：君子不履险地。

我跟大家讲讲利比亚战争中中国企业遭受重大损失的事情。

2013 年 1 月，利比亚爆发内战，英美法等国在利比亚设立禁飞区。战争横扫利比亚，在利比亚的中国企业全面停止经营。

中国政府和中国军队经过周密的安排，实施大规模撤侨行动。在这次撤侨行动中，中国政府共动用 91 架次中国民航包机、35 架次外航包机、12 架次军机，租用外国邮轮 11 艘、国有商船 5 艘、军舰 1 艘，历时 12 天，成功撤离中国驻利比亚人员 35 860 人，还帮助 12 个国家撤出了 2 100 名外籍公民。看到相关的报道，每一个中国人都为祖国的强大而骄傲而激动不已。

然而，在我们感谢人民政府，感谢人民军队，庆幸我们的国家如此安全之余，我们也不禁想到，这次利比亚战争给中国驻利比亚的企业造成了无比巨大的损失。

2013 年 3 月 22 日，商务部新闻发言人姚坚在商务部例行新闻发布会上表示，受西亚北非地区政局动荡的影响，当年 1 至 2 月，我国在利比亚新签合同额同比减少 45.3%，完成营业额同比减少 13.9%。

姚坚表示，当时中国在利比亚承包的大型项目一共有 50 个，涉及的合同金额是 188 亿美元，利比亚政局动荡使中资企业人员撤出，对于项目的进展和中资企业的经营状况确实造成了相当大的影响。

对于投资海外市场的企业家，这个事件应当引起哪些方面的思考呢？

企业家不但应当是一个专业的经营者、高超的领导者、精湛的管理者，还应当是一个有国际视角和国际政治敏感度的国际政治观察员。

也就是说，在选择投资市场时，不但要了解投资目的国的法律制度、政治、经济状况，以及宗教信仰和风土人情，还应当了解投资目的国国内矛盾的冲突发展状况，该国在地缘政治格局中的位置，该国受国际政治格局变化的影响以及该国自保的能力。

如果该投资目的国内部动荡，外部国际关系紧张，是国际政治热点地区，甚至是酝酿中的战争的火药桶，那么，你就不应当再将白花花的银子投到这样的危险之地！

记得若干年前，有一位朋友在光天化日之下，在大街上被抢了包。她非常憎恨那个抢夺她财物的人，又是气又是恼，扬言再也不买包了，再也不背包了。

我安慰她说："包是要买的，不可能不用包，不能因噎废食。你下次在大街上走时，不要沿着人行道的外侧走，抢夺的'摩托佬'就抢不到你的包。如果你怕别人抢你的包，你也可以把包放在塑料袋里，这样'摩托佬'就很难发现你的包。"她信了我的话，再也没有被抢过。

那么，到海外投资时我们怎样躲到人行道的内侧，怎样将包装进塑料袋呢？

我送给大家一句话：大树底下好乘凉。

（作者：邵建华）

神 山

孟子曰："恭敬之心，人皆有之"，"恭敬之心，礼也"。这句话的意思是说，人天生就有恭敬、敬畏的心，这是礼法的来源。那么我们都恭敬、敬畏什么呢？所谓恭敬之心，第一，要敬畏鬼神；第二，要敬畏世俗的权力，就是政府、法令；第三，要敬畏他人的力量。

我给大家讲一个因为一座神山的阻挡而投资失败的故事。有人要问，你是不是讲封建迷信？当然不是。

2009 年，到国外收购矿山成为中国企业走出国门的突出形式。李老板也经人介绍到西非某国收购一个金矿。李老板到实地进行了考察，聘请律师、会计师以及采矿业工程师对目标矿区进行了深入的尽职调查，最终与原矿主签订一揽子协议，得到当地政府的许可和支持。2010 年 3 月，李老板的公司举行了盛大的开工仪式，开始开山挖金，准备将一整座金山搬回家。突然，无数黑人拿着木棒、梭镖、AK47 步枪将矿区包围起来，鬼哭狼嚎，对天鸣枪。其中为首的人穿着盛大的宗教服饰，连蹦带跳地围住李老板等人。

李老板吓坏了，以为招来了恐怖分子，连忙找翻译过来询问。

原来，穿着盛大宗教服装的人是当地部落的长老。长老激动地对李老板说：李老板要开矿的山是一座神山，他们世世代代的祖先的灵魂常驻在神山里，他们死后，灵魂也将进入神山，所以神山不能被破坏。如果李老板继续开山挖矿，他们将誓死保卫神山。

李老板向部落首领出示了收购金矿的合同以及政府发布的许可。部落首领非常愤怒，说这是恶魔的文书，他们不能接受。

李老板找到当地政府，政府派来警察，警察被部落手下的黑人用梭镖、石块和AK47赶跑了。当地政府完全不能控制或者影响这个部落，没有能力保护李老板的利益。

李老板的投资失败了。金山没有挖到，却丢掉了大把大把的银子。一座神山挡住了李老板的发财路。

我们应当从这个案例中汲取哪些教训呢？

第一，简单的尽职调查是不够的。到国外投资不但要了解投资目的地的法律制度，交易标的的自然状况和法律状况，还要了解当地的政治、经济、文化、宗教、风土人情，尤其要了解其中对投资不利的状况。

第二，一定要知道，并不是所有国家的政府都像中国政府一样有权威、有力量、有效率，有些国家的政府实际能够控制的区域是有限的，有些政府统治和治理国家的深入程度是很有限的，甚至不是该国最强大的力量。

第三，有些国家的部分地区，部落是国家实际统治和治理的基本力量，任何经营行为都必须得到他们的许可。

第四，有些国家，宗教在社会中的地位特别强大，不尊重当地的宗教会激怒整个社会，投资和生存也会成为重大问题。

中华民族有五千年的文明史，圣人和先贤给我们留下了无穷的智慧。这些圣人和先贤的智慧已经告诉我们应当怎样为人处世，应当怎样发财致富。有鉴于此，不管你到哪里投资，不管你到哪里做生意，首先都必须敬鬼神、守法律、尊风俗、爱民众，然后才可以飞黄腾达。

（作者：邵建华）

商业贿赂高风险，中国企业需自控

我给大家说一个曾经轰动一时，直接推动了中国药价改革方案出台的医药领域反腐活动的案例。

有一家旅行社，它不做旅行业务，但是营业额却高达数亿元。2013年3月，这家旅行社进入公安部经侦局的视野。公安人员调查后发现，它的收入来源主要是为葛兰素史克等一些跨国药企承办一些培训会所得，而所谓培训会其实是以培训为名义进行的商业贿赂活动。四个月后，公安机关对葛兰素史克的4名高管依法采取刑事强制措施，有超过20名药企和旅行社的工作人员被警方立案侦查。至此，葛兰素史克行贿事件也被彻底曝光。一条跨国药企的商业贿赂利益链也逐渐清晰：葛兰素史克及其相关责任人，为了打开药品销售渠道、提高药品售价等，利用旅行社等渠道，向政府官员、医药行业协会和基金会、医院、医生等行贿，同时将贿赂成本预先摊入药品成本，从而导致药品行业价格不断上涨，以此将贿赂成本转嫁给患者，牟取非法利益。

葛兰素史克等跨国企业通过旅行社进行内部及外部大型会议的承接，是为了规避公司内部对过多资金的操作，防止腐败的滋生，然而最终适得其反。公司虽然规定要由采购部对有资质的旅行社进行审核，多方比价，但由于对权力机构的监管机制不完善，高层可操控范围过广，从而造成有空可钻的局面，通过虚开增值税发票以及旅行社开具假发票或虚开普通发票实现账面上的合格，将资金进行套现转移。

2014年9月，长沙市中级人民法院判决葛兰素史克和该旅行社前总经理等人对非国家工作人员行贿、受贿罪名成立。葛兰素史克被判罚金人民币 30 亿元，前总经理等人分别被判有期徒刑二至四年。

这个事件犹如给国内外医药界投了一枚重磅炸弹，在葛兰素史克行贿事件发生后，英美等跨国制药巨头的不同地区办事处也陆续被当地工商部门拜访，而医药巨头法国赛诺菲公司随后被曝因借"研究经费"名义向北京、上海、广州等多家医院的医生行贿而被当地相关部门进行调查。

该案例无疑开启了中国反商业贿赂的新纪元，那么问题来了，我们中国企业，特别是与政府部门密切接触的民营企业，在重重竞争压力之下，是否已经做好准备面对了呢？

律师认为，中国企业在与政府等权力机构的交往过程中存在往来关系很正常，但是目前阶段企业面临的商业贿赂风险极高，因此企业需要重视和加强自身对反腐败和商业贿赂的防控机制建设。有效的反腐败和商业贿赂防控机制，需要企业建立反腐败和商业贿赂方面的总体政策、方针指南等。

常规的反腐败和商业贿赂主要将政策集中在四个方面：商务宴请政策；礼品招待政策；赞助和捐赠政策；员工管理政策。而员工管理政策也要注意员工培训政策以及员工纪律制度。除此之外，为了更好地预防风险，建议企业在内部防控政策上建立自查清单、商业贿赂风险评估表、独立检举制度以及反商业贿赂行为的内部调查政策。

（作者：王利伟）

海外贸易的保护伞

多年以来，吴老板一直为美国一家公司做贴牌生产皮革沙发，但近期他正愁眉不展，一肚子苦水。因为从年初开始，吴老板就发现美国公司支付能力下降，开始拖欠货款；不仅如此，还提出吴老板先行发货的要求。吴老板考虑到在商业活动中，存在逾期应收账款问题是很正常的，于是选择了继续给美国公司发货。谁知到了7月份，在美国公司还没有支付将近40万美元货款的时候，美国公司的总经理告诉他，美国公司因为经营不善，已经破产，所以无法再支付所欠货款。这次吴老板急了，这可怎么办，40万美元的货款还没有收回来呢！

诚然，在商业活动中，存在逾期应收账款问题是很正常的。在发达国家，企业应收账款的合理期限一般是3~6个月，超过这个期限则作坏账处理。当进口公司坏账多达资不抵债的时候，便可依程序申请破产，因为英美国家企业破产的程序比较完善，企业一旦进入破产程序便可迅速清算资产，注销公司。但在交易过程中，由于地域阻隔和信息闭塞等原因，出口公司时常无法及时掌握进口公司的经营状况，可能面临因进口公司破产而无法回收账款的风险。案例中的吴老板正是遭遇了这种交易风险。

作为出口公司，如何避免像吴老板一样因进口公司破产而导致无法回收账款的交易风险呢？

律师给你支个招：在海外贸易中，出口公司应当善于利用海外贸易保护伞——出口信用保险（Export Credit Insurance）。可能有些朋友是第一次听到出口信用保险，它到底是何方神圣？

出口信用保险也叫出口信贷保险，是承保出口商在经营出口业务的过程中因进口商的商业风险或进口国的政治风险而遭受损失的一种信用保险，是国家为了推动本国的出口贸易、保障出口企业的收汇安全而制定的一项由国家财政提供保险准备金的非营利性的政策性保险业务。其中，商业风险主要包括买方因破产而无力支付债务、买方拖欠货款、买方因自身原因而拒绝收货及付款等。中国出口信用保险公司（简称中国信保），是中国唯一承办出口信用保险业务的政策性保险公司。建议各位老板在重大的外贸业务中，根据自身条件在中国信保投保，减少风险。

案例中美国公司因经营不善而导致破产的情形正属于进口公司商业风险，如果吴老板在美国公司开始拖欠货款之前或要求先行发货之前，向中国信保投保了出口信用保险，就不至于像现在这样一肚子苦水了。

海外贸易既有机遇也有风险，要善于运用出口信用保险这把保护伞，抵御进口商的商业风险和政治风险。

（作者：王利伟）

提防这只伸得好长的手臂

近几年来，"长臂管辖"一词不时出现在一些国际政治和商贸新闻中。其中一桩事件就是一位前中国香港官员和非洲某国家官员在美国纽约被美国司法部逮捕，理由是两人涉嫌代表一家总部位于中国境内的中国公司贿赂非洲某国家高级别官员。这着实让人看不懂了，即使真有此事，美国人凭什么抓他们呢？美国人说，他们触犯了美国法律，美国行使的是"长臂管辖权"。

这个让人不禁联想到大猩猩的法律术语到底是怎样的一种制度？但凡与"长臂管辖"有关的事件，都脱不开美国的干系。没错，"长臂管辖"就是一个彻头彻尾的"美国制造"，刚开始只是针对国内州与州之间的司法管辖问题。当被告人的住所不在某个州，但和该州有某种最低联系，而且有关权利要求的产生与这种最低联系关联，那么这个州的法院就可以在本州以外对被告人发出传票。说白了就是："虽然你不在我这里，但只要你的行为与我有最低联系，哪怕你在天涯海角，我也能够管着你。"

那么，每个主权国家的司法管辖权都是独立的，为什么我们要如此关注一个外国的管辖制度呢？因为美国这个"长臂管辖"后来扩张到了国际管辖权的运用，当真管到了"天涯海角"。许多美国国内法通过所谓的"长臂管辖权"来管制外国公司，当外国公司与美国建立某些直接或间接的运营、合同或商业关系时，就可能会触发长臂管辖权的行使。

美国"长臂管辖"的手臂往往长得不可思议。如1997年美国司法部颁布的《反托拉斯法国际实施指南》规定："如果外国的交易对美国商业发生了重大的和可预见的后果，不论它发生在什么地方，均受美国法院管辖。"上述涉嫌贿赂案，就是认为当事人触犯了美国《反海外腐败法》（FCPA）。根据这部法律，任何外国人或者外国公司的雇员，只要是通过了美国的邮件系统进行通信或使用隶属于美国的国际商业工具进行腐败支付，满足了最低联系，不论是电话、邮件还是银行转账，只要和美国发生了任何联系，美国都具有管辖权。众所周知，美国控制着大量的全球性金融、电信系统。"9·11"恐怖事件后，美国还可以通过"环球同业银行金融电讯协会"（SWIFT）监控全球 200 多个国家和地区近 8 000 家金融机构的交易情况。只要腐败活动用了美国的银行支付系统，用了美国公司的电信服务，不管你是哪个国家的什么人，美国的司法部门都有权来抓你。

"长臂管辖"是美国司法管辖权扩张的表现，因为威胁到其他国家的管辖主权，一直都受到相关国家的强烈抨击，这种域外管辖权也很难得到其他国家的认可。但它的影响不会因为不获认可而不存在。随着"一带一路"建设的开展，"走出去"的中国企业面对的风险不只是沿线国家的经贸、政治、安全风险，背后还可能有着这位根本不在此经济区域内的山姆大叔，举着出口管制、反洗钱和反腐败以及针对外国投资的国家安全审查等大棒，在千里之外虎视眈眈。因此，企业有必要了解在何种情况以及何种法律下将可能受美国的"长臂管辖"限制，并加以规避，否则可能会招致始料不及的商业后果。

（作者：陈治艳）

被美国列入"制裁黑名单"是怎么回事

我们经常见新闻里报道，今天美国把这个人列入制裁黑名单了，明天又把某个国家列入制裁黑名单了，那么什么是制裁黑名单？美国为何要这么做？什么是"制裁黑名单及管制对象"？"制裁黑名单"效力范围有多大？被列入"制裁黑名单"的后果是什么？

带着这些问题，我们先看一个案例：

2012 年，广东某企业与迪拜某公司签约 FOB 合同，销售一批家用电器，采用信用证付款，付款银行为美国某银行新加坡支行，迪拜公司负责租船订舱，到中国港口装货。广东某企业拿到提单后，到付款行提示付款被拒绝，理由是：广东某企业涉嫌与被美国列入"制裁黑名单"的伊朗某公司进行交易，违反了《美国爱国者法案》，案子已经报告美国 OFAC（美国财政部下属的境外资金监控办公室），OFAC 将启动对广东企业的调查。

广东企业第一次遭遇如此拒付，一脸不解，回过神来才搞清楚怎么回事。原来，迪拜公司租赁了伊朗国际航运公司船舶运输货物，而伊朗国际航运公司被列入了"制裁黑名单"。根据美国法律规定，见此情形，美国银行全球任何分支机构都必须立即停止付款，同时向美国 OFAC 报告此事。广东企业被 OFAC 调查，最后做了大量的解释并按 OFAC 的要求制订了合规方案才算过关。

第一个问题：美国为何要这么做？

遭遇"9·11"恐怖袭击后，美国总统布什于 2001 年 10 月

26日签署颁布了《美国爱国者法案》。根据该法案，为了配合美国全球反恐和国家安全行动，美国人或公司及其分布在全球任何角落的分支机构，尤其是金融机构（银行），应拒绝为那些对美国形成恐怖威胁的异国人或公司、组织、国家发生任何交易或者提供任何资助和服务，尤其不能提供金融结算服务，否则将受到调查。

第二个问题：什么是"制裁黑名单及管制对象"？

某个国家或企业或个人被列入制裁黑名单，主要是因为被制裁者违反了美国出口管制相关法律。美国出口管制的重点物项是军品、军民两用品和技术，并分别制定了详细的军品和军民两用品清单。一般情况下，公司不会从事与军用管制产品相关的贸易，故本文暂不论及军品。在国际贸易及国际投资中，可能会涉及军民两用的管制物品和技术。而《出口管理条例》正是美国有关管制军民两用产品及技术出口最主要的法规。

美国《出口管理条例》的核心内容是：针对"管制产品或技术"，限制或禁止任何公司、任何人与"管制国家"及其公司或者"管制实体"（合称"受管制方"）进行"出口行为"。

1. "管制产品或技术"——《商业管制清单》

管制产品或技术主要是指《商业管制清单》中所列明的原产于美国的产品或技术，同时也包括部分未列明但依其他法律法规应属其管辖的产品和技术，以及运用上述"管制产品或技术"生产或制造的产品，或包含上述"管制产品或技术"的产品或技术。管制清单中的物项依性质分组归类。在每一组中，每个出口管制分类编号都有相应的管制理由。《出口管理条例》列明了11个管制理由，分别为反恐、生化武器、控制犯罪、加密物项、导弹技术、国家安全、核不扩散、地区稳定、供应短缺、计算机和重要物项。

须注意的是，管制物项与管制理由并非一定是一一对应的关系，多数物项有多个管制理由。例如，几乎所有受国家安全或核不扩散原因管制的两用物项，也都受反恐原因管制。

2. "管制国家""管制实体"——《商业国家列表》《出口管制实体清单》

《商业国家列表》列出了与出口管制分类编号管制理由相对应的196个国家和地区。美国按照扩散风险的大小及其安全关切的程度将出口目的国分为A、B、C、D、E五个组别，A组有澳大利亚、加拿大、德国、法国等国家，B组包括智利、希腊、南非等国家，C组为空白，D组有中国、白俄罗斯、以色列等国家，E组包括古巴、伊朗、朝鲜、苏丹等国家。此外，出口许可证也有宽严不等的类型。

美国商务部于1997年2月首次发布《出口管制实体清单》（Entity List），被认为参与扩散活动的最终用户都进入清单，以此明确告知美国出口商，在未得到许可证时，不得帮助这些实体获取受本条例管辖的任何物项；同时，有关许可证的申请应按照《出口管理条例》规定的审查标准接受审查，且向此类实体出口或再出口有关物项不适用任何许可例外的规定。换言之，"实体清单"就是黑名单，风险点便在于，一旦某一企业被列入此清单，实际上是剥夺了其在美国的贸易机会，并对其进行了技术封锁和国际供应链的隔离。而在2018年8月1日，美国商务部产业安全局（BIS）宣布增加44家中国企业列入实体清单。

3. "出口行为"——包括直接与间接

（1）直接将"管制产品或技术"出口、投资于受出口限制或禁止的"管制国家"。

（2）将"管制产品或技术"组装、制造成自己的产品后，将包括"管制产品或技术"的物品或技术出口、转出口至或投资于

"管制国家"。

（3）通过第三方或变相实施上述行为。

第三个问题："制裁黑名单"效力范围有多大？

制裁措施有主要制裁（Primary Sanction）和次级制裁（Secondary Sanction）之分。主要制裁是针对美国主体的，例如美国企业、美国自然人、在美国领土的别国人或企业。次级制裁就是针对非美国主体了，比如世界各国的企业、自然人。

这一系列的制裁名单，具有美国法意义上的行政法规的法律效力，适用于美国所有的个人与团体。除了美国境内的个人与团体外，也包括境外的个人与团体。我国金融机构无须遵守美国的制裁政策，但如果业务处理流程涉及美资银行，也同样有被冻结的风险。

第四个问题：被列入"制裁黑名单"的后果是什么？

1. 行政制裁

行政制裁包括但不限于：①警告通知书（Warning Letter）；②行政处罚，一般通过判断案件性质严重与否、情节是否恶劣，确定"基准罚款金额"；③其他行政制裁措施，采取包括变更、暂停或撤回许可证，禁止出口，禁止执业（如相关律师、会计、顾问、货运代理或其他人员以代理的身份行事的）或作为和解条件之一，要求被调查对象必须为员工提供合规培训和/或内部审计或接受第三方审计等。

就上述行政处罚措施，调查机关均可与被调查人协商和解并约定暂缓执行的期间（probation period），在暂缓执行期内可以暂缓支付有关罚款及/或执行有关禁令。但如果当事人没有遵守和解协议或命令的要求，则暂缓支付可能被撤回或有关禁令将被激活生效，被调查人可能面临立即被处罚的情形。

2. 刑事处罚

如违反出口管制行为还涉及刑事责任的，调查机关还可能将调查案件移送至美国司法部，由司法部针对出口管制执法相关调查中所涉及的刑事违法行为提起公诉。根据美国有关法律，违反出口管制的刑事处罚措施包括最高 20 年有期徒刑、就每项违反事项处以 100 万美元的罚款等。

3. 民事责任

在外国公司从美国公司采购管制物品的环节，美国公司通常会在其与外国公司签署的交易文件中，明确约定相关管制物品的交易受美国出口管制法律的约束，并会约定违反相关法律应承担的法律责任，如解除合同、赔偿损失等。这是外国公司根据具体交易文件因违反协议而可能承担的民事违约责任。

（作者：曹永明、王利伟）

贸易交流时时有，出口管制需提防

新加坡人贩卖无线电模块到伊朗，竟然被美国政府抓去坐牢？这到底是怎么一回事呢？

2017 年 4 月 27 日，美国政府宣布对新加坡商人林荣南处以 40 个月监禁刑罚。据报道，林荣南谎称将商品运至本国用于家庭网络和办公室设备而从美国购买无线电模块，但实际上新加坡只是一个中转地，最终目的是运往伊朗，用于制作炸弹。林荣南的行为之所以会被美国管理控制，是因为他违反了美国出口管制规定。根据此规定，即使林荣南是新加坡人，他贩卖商品到伊朗，仍然属于美国的管控范围内，可以依法追究其民事责任甚至是刑事责任。

美国的出口管制到底是什么？为什么出口方和进口方均不在美国也不是美国人的情况下，美国仍然拥有此管辖权呢？

美国的出口管制，简单来说就是对本国出口的产品、目的地、客户和产品的最终用途进行明确的解释和限定，它是一套非常严密完整的高科技产品和技术的出口管制规定。这套管制规定的范围特别广，除了通过对原厂进行直接管制外，还对进出口贸易商、代理商甚至海外的分销商等一系列环节都进行管控，如果违反美国的出口管制规定，除了受到经济处罚外，还会基于危害国家安全原因被追究刑事责任，列入黑名单。

中国是美国高科技出口管制产品最大的采购国之一，不只是国家，许多企业、个人对于高新科技的需求也越来越强烈，而美国针对对华高科技产品和技术出口，进一步制定了与制度相联系的"中国规则"。一方面，对经过美国政府验证的最终用户放宽了出口许可；另一方面，明确限制部分高科技产品和技术进入军用领域。在这样的制度规定下，仍然有较多的国人、企业在进出口贸易等方面违反了美国的出口管制从而受到美国的制裁，给自身带来不同程度的损失。这里的制裁既有民事方面的也有行政方面甚至还有刑事方面的，国际贸易中有不少案例，中方有关人士在国外甚至被美国从第三国引渡回美国受审并入狱，有些企业因此而遭受重创，导致不可挽回的局面。

所以，律师在此提醒各外贸、进出口等相关企业，特别是做偏冷门、中高端元器件的进口分销商要小心，要熟悉相关规则，善用许可等制度，必要的时候聘请专业人才进行分析应对，避免日后承担不必要的风险和责任。

当然，大家不要听到美国供应商说是出口限制的产品就立即减少甚至停止采购，因为美国对高科技民用产品是放宽出口的。对于民用产品制造商及分销商，只要符合出口程序，按照要求使用产品或销售，一般受到的冲击不会太大。

（作者：王利伟）

机会主义害死人

东芝过伶仃，失却离娄明。
不识规与矩，方圆难成形。

我给大家说说某跨国公司在美国被追究法律责任的事情。

过去一段时间，美国特朗普政府向全世界发起了贸易战。在这个贸易战当中，美国依据其国内法针对许多跨国企业、外国企业以及个人发起了制裁措施。

在贸易战背景下，作为一个企业，尤其是跨国企业，可以从美国以往的贸易战手法和方式中看出端倪，寻求规避风险的途径。20世纪80年代，美国对日本发动了贸易战，对日本的一些跨国公司实施了制裁。其中，1987年东芝公司案最为典型。日本东芝公司因向苏联销售精密机床而遭到了制裁。

从东芝案中，我们可以看到美国制裁跨国公司的手法有如下特点：第一，美国不直接针对外国公司作出制裁，而是对任何企业的交易行为进行制裁；第二，美国制裁外国公司一定是根据法律实施制裁；第三，美国制裁外国公司可以根据国际公约，也可以依据美国国内法。

那么，作为企业，尤其是占有美国市场份额的跨国企业，应当怎样避免成为美国贸易战的对象呢？

第一，企业高层要树立守法意识，树立守法意识才是企业的利益所在的观念。企业老板守法，员工也会跟着守法，上下都守法了，就不会被法律制裁，就不会有法律风险。要把守法作为企业文化的一部分，形成守法的习惯。这不但能够规避企业的法律风险，也能教育全体员工守法、守制度，按规矩办事，提高企业的管理水平。

第二，建立健全企业经营行为合法化审查制度和机制。企业内部建立法律咨询部门是可以的，这也是很多大企业常见的做法。但是，企业内部经营合法行为合法化审查部门很难与企业领导和其他部门分割开来，受他们的牵制，很难作出独立、有效的判断。最好的做法应当是聘请有经验的律师和律师团队，让他们深入参与到企业经营行为合法审查的工作中来。而这样的律师团应当直接与企业高层对接，最好形成机制，使得合法化审查和合法化论证能够切实成为企业决策的依据。

第三，建立企业合法化论证、决策、执行一整套体系，把这个体系融入董事会工作中，保证合法化审查、论证机制的效用。

第四，聘请懂美国法律，尤其是懂美国对外制裁所依据的相关法律的律师，对企业的跨国经营行为进行合规性审查，避免被美国政府抓到制裁的把柄。

第五，建立企业涉法状况处置机制和处置预案。切实的做法是，由合法化审查论证团队与相关决策层组成涉法状况处置团队，为相应情况设定预案。

孟子曰："圣人之行不同也，或远或近，或去或不去，归洁其身而已矣。"意思是说，圣人的行为是不相同的，但归结起来就是洁身自好罢了。

法律是以国家强制力保证实施的，违法就是与国家的强制力相较量。我们虽然反对美国动辄挥舞大棒对各国企业实施制裁的做法，但作为一个企业，确实应当未雨绸缪，规避不必要的风险。当然，作为一个企业，应当强调洁身自好，遵守法律，绝不能有钻法律的空子的思想，绝不能犯机会主义的错误。

（作者：邵建华）

外国投资者的保护膜

想象一下，你到国外去旅游，提前到达了酒店，因不能入住而与酒店发生冲突，被当地警察带离酒店，最后抛弃在路边……你会是怎样的心情？惊讶愤怒之余，让我们来了解一个法律术语——"国民待遇"。

国民待遇，亦称"平等待遇"，是国际法上确定外国人民事法律地位的一种制度。对于进入本国境内从事社会经济活动的外国人，比如做生意、搞销售、跑运输，或者留学、旅游、住宿等，该国应该对该外国人或者外国投资者开办的企业提供不低于本国公民和法人所享有的民事权利。国民待遇原则已被各国普遍确认和接受，以防止对外国人实行不公平的歧视性做法。它可以规定在国际条约中，比如世界贸易组织法律的一项重要基本原则就是国民待遇原则。它也可以在国家的法律中找到，最早确认这个原则的是 1804 年拿破仑的《法国民法典》；受其影响，意大利、葡萄牙、西班牙、挪威、瑞典等欧洲国家的民法典也规定了国民待遇原则。所以，回到文章开头噩梦般的假设场景，该国警察在整个执法过程是否保障了外国游客的国民待遇，是评判该国警察执法行为是否过分的重要准绳。

而在国际商事活动中，无论是"引进来"的外商，还是"走出去"的中国企业，国民待遇原则更像是隐形的保护膜，与每一位外国投资者长伴长相随。经过不断发展和完善，经济领域中的国民待遇制度被细分为准入前国民待遇和准入后国民待遇，其中"投资准入前国民待遇"将国民待遇延伸至投资发生和建立前阶段。也就是说，你的公司还没有成立，你和你的投资就可以享受到不低于东道国投资者及其投资的待遇。当然，各国出于自身利益的考虑，总要设置某些限制。许多国家执行的是"准入前国民待遇和负面清单"模式，就是先制定负面清单，把本国核心关注的行业和领域列进去限制外资进入，未列入负面清单的行业和领域则不能限制外资。在此基础上，给予外资国民待遇。我国经过前期的自贸区试点后，也将对外商投资全面实行准入前国民待遇加负面清单的管理制度。

往外看，对于"走出去"的中国公民和中国企业而言，你投资所在的国家能否切实提供国民待遇，是关乎企业生存与发展的关键法律保障。我国多年来一直在与"一带一路"沿线国家积极签订双边投资协定，保障中国投资者在东道国受到公平、公正的待遇。比如东盟各国、巴西、马尔代夫，均明确给予中资企业国民待遇。美国和许多欧盟国家，也都实行对外资的国民待遇原则。

不过，准确把握他国的国民待遇制度，你还需要弄清楚一些情况：

首先，国民待遇专指外国自然人、法人、产品等在民商事方面的权利待遇，不包括政治方面的待遇。由于国民待遇原则最早是资本主义国家为追逐全球商业利润而提出来的，它的商事印记非常鲜明，即使你长期住在国外，也不可能因此而理所当然地获得该国的各项政治权利。

其次，外国人与内国人权利平等，只是就一般原则而言，不可能完全等同。因此，即使不是实行负面清单的国家和地区，也会在本国法律或相关条约中对国民待遇范围作出限制。比如《日本外国人土地法》就禁止外国人取得国防重要区域的土地所有权，《中国—东盟自由贸易区投资协议》也明确规定了双方的国民待遇不适用的范围。对于禁区，我们只能严格遵守。

最后，了解所在国的民商事权利情况，尤其是国民基本权利。由于各国的历史渊源和文化风俗不同，所规定的民商事权利是存在差异的，不能因为在国内享有某项权利，就想当然地以为在其他国家也可以享受同样的权利待遇。

（作者：陈治艳）

第七章

准据法问题

国际货物买卖，慎重选择适用法律

国际商事中，签订国际货物贸易买卖合同时需万分小心，稍有不慎，就可能会使企业落入陷阱，面临进退两难的困境，甚至满盘皆输，使企业遭受重大损失。

中化（新加坡）公司与德国公司签订了购买石油焦的采购合同，合同约定由中化公司向德国公司采购燃料级石油，石油焦的HGI指数典型值为 36～46；本合同应当根据美国纽约州当时有效的法律订立、管辖和解释。合同签订后，中化公司按约支付了全部货款，但德国公司交付的石油焦 HGI 指数仅为 32。中化公司认为德国公司构成根本违约，请求判令解除合同、德国公司返还货款并赔偿损失。

最高人民法院审理认为，虽然双方当事人在合同中约定涉案合同应当根据美国纽约州当时有效的法律订立、管辖和解释，但案涉国际货物买卖合同纠纷的双方当事人营业地分别位于新加坡和德国，而此两国均为《联合国国际货物销售合同公约》的缔约国，且当事人未排除该公约的适用，因此本案审理首先适用该公约。对于审理案件中涉及的问题公约没有规定的，例如合同效力问题、所有权转移问题，应当适用当事人选择的美国法律。根据《联合国国际货物销售合同公约》的规定，德国公司交付的货物与合同约定不符，构成违约，但石化公司能够以合理价格予以转售货物，不构成公约规定的根本违约情形。据此，作出终审判决德国公司承担部分货款及堆存费损失。

从本案例中，我们会发现，任何一个涉外民商事关系都离不开某一法律制度的约束和界定，即适用某一法律制度。我们把这个法律制度叫做准据法。只有明确了准据法，才能准确地完成法律的适用。那么在国际贸易中，法律适用有哪些误区呢？

绝大多数的国际贸易合同都是由合同双方当事人自愿选择确定合同适用的法律即准据法，而合同的适用法律也是国际贸易合同中绝不可少的重要内容。国内企业在这方面往往存在不正确的认识，认为货物的品种、价格、数量、货款的支付才是合同的重要内容，而合同适用的法律是无所谓的次要内容，因此在没弄清弄懂国外法律规定的情况下，就轻易地在合同法律适用的选择上和外国企业达成了一致，即合同适用外国企业选择的外国或外国某个州的法律。而一旦发生合同纠纷，外国企业往往以外国的有关法律规定作为自己变更、解除合同甚至是不履行合同义务的理由。如果国内企业主不知道、不了解外国法律的有关规定，在国际贸易中就会吃哑巴亏。

那么，在国际贸易合同中，如何选择合同适用的法律呢？律师给你支几招：

第一招，在可能的情况下尽量选择我国的法律作为合同适用的法律。因为我们对自己国家的法律比较了解，这样从法律角度对合同的效力及履行甚至日后可能发生的纠纷的处理能做到心中有数。

第二招，尽量选择使用《联合国国际货物销售合同公约》。该公约对国际货物买卖合同双方的权利、义务，如货物质量标准、损害赔偿、违约责任等都作了具体明确的规定，具有较强的可操作性。

第三招，委托法律专业人士提供相关国法律方面的调查。如果外国企业坚持以外国企业所在国法律或第三国法律为适用法律，否则不同意签订国际贸易合同，而国内企业又非常需要签订这份国际贸易合同，在这种情况下，国内企业首先要弄清外国企业所在国或第三国的有关法律规定。在确认依照外国企业所在国或第三国法律的有关法律规定签订和履行此合同不存在对国内企业不利的情形下，才能与外国企业签订国际贸易合同。这时你可以将专业的事交给专业的人去做，通过委托法律专业人士提供外国法的查明，给出专业的法律适用表述条款，以助你作出正确决策。

（作者：王利伟）

跨国贸易中强制性法律法规必须遵守

众所周知，国际交易区别于国内交易的重要特点是合同主体来自不同国家，因此，在各自眼里，对方都是老外，大家对对方国家的法律都不熟悉，也不能强制对方接受己方国家法律。因此实际交易中，几乎所有的国家和地区政府，都允许国际交易合同当事人选择合同当事人一方所属国家的法律或者第三国或地区的法律作为判断合同是否成立、生效、履行、撤销、终止的依据。但是，每个国家基于政治制度、产权制度、文化因素、公共政策或利益等因素考虑，会制定一些要求所有人都必须遵守的强制性法律法规。例如在我国，涉及国有资产处理的合同，需经国有资产监管部门审批后才生效，这就是我国的强制性法律规定，合同签约双方应遵守，否则合同无效。那么问题来了，当这种由合同双方选择适用的法律与强制性法律法规相冲突、不一致时该如何处理呢？谁应该优先适用呢？

回答这个问题前，我们先看一个案例：

2015年，广东某粮食加工企业从英国进口一批转基因农产品，双方签署了产品进口订单式协议。协议约定，适用FOB贸易术语，付款方式为先支付30%的定金，剩余70%的尾款在货到目的港时结清；还约定，因本协议产生的任何纠纷提交香港国际仲裁院仲裁裁决，适用香港法解释合同所有内容。

英国出口商按FOB贸易术语规定义务，将产品交给广东某粮食加工企业安排的货代，在装货港口完成交货。但货到中国港口被中国海关拒绝清关，理由是：进口产品（转基因农产品）属于限制进口产品，进口前需要获得中国相关部门出具的批准许可证。而广东某粮食加工企业事前不知道法律已经更新，因此未获得基于最新法规而颁发的批准许可证。

香港法律专家出具意见表明，依据香港法，进口该转基因农产品，属于一般限制进口产品，只需事前获得普通批准许可证即可进口，法律对此并无更新，也无特别要求。因此，依据香港法，进口该转基因农产品，完全没有问题。

鉴于货物无法清关，广东某粮食加工企业以没有收到货为理由拒绝向英国出口商支付 70% 的尾款。

英国出口商根据订单协议约定，将纠纷提交香港国际仲裁院仲裁裁决。结果很明显，广东某粮食加工企业败诉，应向英国出口商支付 70% 的尾款。

细心的读者一定会发现，本案例中，政府针对该转基因农产品颁发批准许可证就是我们前面提到的强制性规定，不得违反，必须遵守。

中国企业与外国企业做跨国贸易，选择第三国或地区法律作为准据法时一定要注意，该准据法并非在所有方面都凌驾于中国法之上。当合同当事人选择适用的法律与中国强制性法律法规相冲突时，中国强制性法律法规必须得到优先遵守，这也是国家尊严、司法尊严的体现。

同样，每个国家出于自身利益考虑，不仅仅在国际贸易方面会制定强制性法律法规，在吸引外商投资贸易方面也会制定一些强制性法律法规，中国企业在"走出去"时务必事先关注并遵守这些强制性法律规定。比如投资美国，应注意反垄断审查、国家安全审查。三一重工起诉美国总统奥巴马，究其原因是三一重工在美国投资违反了美国国家安全相关强制性规定；又比如投资泰国某些领域，要注意到泰国法律对外资持股比例不得大于或等于50%的规定。

最后，请各位读者时刻关注各自所属行业中政府颁布的强制性规范及其更新情况，并主动遵守，这样才能避免不利的法律后果。

（作者：曹永明）

法律不保护权利上的睡眠者

我们从小都听说过龟兔赛跑的故事，兔子因为睡了一觉，竟然败给了乌龟！那么，假如在法律权利上也不小心睡着了，后果会怎么样呢？

2005 年，英国伦敦发生了一场火灾。引发火灾的是一部电话，销售商英国某公司赔偿了 50 多万英镑后，就转向电话的生产商——中国佛山某公司索赔。追讨到 2009 年 10 月，佛山公司终于肯派人出来协商了，但仍然没有任何表态，2012 年初，英国公司把佛山公司告到了法院。跨国诉讼的过程往往是漫长的，2015 年底，信心满满的英国公司拿到了中国法院的一审判决书，判决结果却让它傻了眼。法院认为，英国公司因未能在法定诉讼时效期内有效行使索赔请求权而丧失了胜诉权，法院依法驳回了它的诉讼请求。

英国公司很恼火，几年以来对中国法院和中国法官的好感一下子烟消云散，很快就上诉了。然而官司又打了一年，二审法院给了它同样的判决结果。十年光阴，英国公司发现自己的 50 多万英镑可能打了水漂。

真的是中国法院对这位来自英国的当事人不公正、不真诚、不友好吗？很多时候我们会发现，愤怒的人总觉得过错在别人身上，而事实上问题在自己这里。

英国公司的官司输在了诉讼时效制度上。什么是诉讼时效呢？有一句法律谚语叫做"法律不保护权利上的睡眠者"，意思是说，法律只保护那些积极主张权利的人，而不保护消极主张权利的人，所以每个国家的法律都规定了一系列的时效制度。"诉讼时效"可以说是最重要的一项制度。它是指民事权利受到侵害的权利人在法定的时效期间内不行使权利，当时效期间届满时，义务人提出诉讼时效抗辩的，法院将不再对权利人的权利进行保护的制度。也就是说，权利受到侵害的人，在法定的时限内，如果不积极主张权利，一旦时效期间届满了，对方提出诉讼时效抗辩的，法院将不再保护其合法权利。

法院发现，提起诉讼的两年多里，没有证据反映英国公司有向对方追讨。而当时我国的法定诉讼时效期间就是两年，哪怕超出了一天，英国公司之前的维权努力都将全部归零。

原来时间可以带走的不仅仅是青春，还有权利。

英国公司输给光阴的故事带给我们什么启发呢？人们可能很自然地想到，当"中国制造"在全球随处可见时，中国企业面临的法律风险确实无形增加。我们不能祈祷自己像佛山公司那样剑走偏锋，毫无疑问佛山公司在赢了官司的同时也输掉了企业最宝贵的商誉。而我们更要进一步想到，在国家"一带一路"和深化国际合作的经济战略不断推进的大形势下，越来越多的中国企业极可能会成为像英国公司那样的维权人。在我们希望法律给予保护的时候，如何避免诉讼时效制度对自己的不利影响呢？

首先，要知道有这么一项重要的法律制度。我们不一定最终都会走到法院的门前，但要以防万一。各国的诉讼时效制度是不同的，就算是我国，也是有变化的。就在英国败诉后第二年，《中华人民共和国民法总则》实施，把我国的普通民事诉讼时效从两年改成了三年。2018年7月，最高人民法院颁布了一个司法解释，明确了我国原有的一年短期诉讼时效，也全部适用《中华人民共和国民法总则》规定的三年诉讼时效。

其次，要以正确的方式维权，避免诉讼时效导致的权利灭失。我国法律规定，诉讼时效因权利人请求履行或向裁决机关申请解决纠纷、义务人同意履行义务等情形而重新起算。最有效的方法就是向对方主张权利。

最后，由于我国的诉讼时效期间是比较短的，所以在涉外纠纷中，万一发现诉讼时效可能已过，可以尝试寻求外国法律的努力。比如说，上面讲的这个产品质量赔偿案件，本来是可以选择适用英国法律的，而英国法律对这种纠纷规定的诉讼时效期间是六年。英国公司放弃适用英国法，直接导致了在中国法院的败诉。

（作者：陈治艳）

买了一定要告诉别人的东西

在日常生活中，我们买了东西，东西当然就属于自己了，可以跟别人分享，也可以自己偷着乐。但你有没有想过，有一种东西，买了，还真要告诉别人一声，否则会让自己很被动。这种东西，就是债权；要告诉的人，就是债权的义务人。

佛山 A 公司用 150 万元港币向香港 B 公司购买了一个债权，债务人是香港 C 公司，债务担保人是佛山 D 公司。佛山 A 公司了解到，香港 C 公司已经被香港高等法院颁令解散，但佛山 D 公司的经营状况很不错，要实现债权，应该不是不可能。于是，双方顺利签订了债权转让协议。佛山 A 公司支付了债权转让款后，很快就把香港 C 公司和佛山 D 公司告到了法院，要求债务人和担保人承担清偿责任。因香港 C 公司已经依据香港法律解散，根据我国的民事诉讼法规定，不再具备民事诉讼主体资格。而佛山 D 公司当然不同意承担香港 C 公司债务的担保责任，对佛山 A 公司劈头盖脸一连串质问：你是何方神圣？凭什么要我给你钱？！你说买了香港 B 公司的债权，法律规定了必须告诉我啊！更重要的是，你还没通知过债务人香港 C 公司吧！你还没有合法享有债权呢。

佛山 D 公司说得没错，我国《合同法》规定，债权人转让权利的，应当通知债务人，未通知的，该转让对债务人不发生效力。佛山 A 公司情急之下提出：债权转让协议约定了是适用香港法律的，不适用《合同法》。

那么，香港的法律又是怎么规定的呢？我们知道，香港的法律体系很复杂，然而经过一轮查证，原来香港也是要求债务人获得转让通知后，债权转让才对债务人发生效力。而佛山 A 公司和香港 B 公司在签订协议后，双方都没有通知过任何人，所以这个转让行为对债务人不发生法律效力。在签订协议时，债务人香港 C 公司已经经过香港的强制清盘程序解散了，根据香港法律，香港 B 公司对它的债权是否还存在，是一个很要命的问题。如果不厘清这个问题，即使通知了佛山 D 公司，佛山 D 公司完全可以拒绝承担一个不明确的债务。

佛山 A 公司败诉了，原来从一开始，佛山 A 公司就买了一件可能永远都不属于自己的东西。这是一个比较极端的案例，它的荒唐和惨痛提醒我们：

首先，就像买一件物品需要搞清楚它最根本的功能和特质一样，债权的购买（受让）更要注意各种风险的防范，要尽可能地了解债务形成的背景、出让人出让债权的原因、实现债权的条件等情况。表面美好的性价比往往掩藏着陷阱和危机。

其次，如果你购买的东西是一项债权，那么你一定要记得与债权出让人确定如何有效通知债务人，由对方通知也可以，你自己通知也可以。否则，就有可能发生像佛山 A 公司这样的悲剧，或者给自己实现债权造成不必要的延误。

最后，如果你购买的是境外的债权，往往可能会适用当地的法律，你要学会利用当地的法律保护好自己。说回上面这个案例，佛山 A 公司应该不会贸然拿自己的 150 万元港币开玩笑，但怎么会在签约时对债务人香港 C 公司大意了，问题极有可能出在对"公司解散"的理解上。我国内地的公司解散制度，跟美国、日本和欧洲大陆许多国家一样，实行"先散后算"的体制，这种解散只是导致清算程序的发生。只有清算完成公司注销后，公司的法人资格才消灭。而香港的公司法律制度直接沿袭了英国"先算后散"的体制，解散即意味着法人消亡。

（作者：陈治艳）

同林鸟的不同命运

"夫妻本是同林鸟，大难临头各自飞。"说的是夫妻一方为了逃避祸害牵连而忍心抛弃另一方。然而世界上有些"同林鸟"，大祸跟前够淡定，不用各自飞。

胡先生夫妇是英籍华人，去年由于资金周转困难，胡先生拖欠了佛山某公司300多万元的货款。为表还款诚意，胡先生把一套佛山房产的权属证书交给了佛山公司。这套房产是他妻子移居英国前购买的，胡先生在中国期间居住使用，但产权人却登记在他妻子名下。佛山公司拿着房产证却要不回货款，还是把胡先生夫妇告到了法院，并申请财产保全查封了这套房产。

胡先生的主要资产都在英国，如果他还不起债，即使佛山公司赢了官司，要追到英国，还真是个麻烦事儿。很显然，如果能直接把这套房产变现抵债，是最好的结果。那么，佛山公司能否如愿以偿呢？

这里要给大家介绍一下有关夫妻财产关系的法律适用问题。由于历史渊源的差异，不同国家和地区的夫妻财产关系制度是不一样的。胡先生夫妇是英国人，英国的法定夫妻财产关系制度是分别财产制。也就是说，如果夫妻双方没有特别的约定，夫妻各自拥有自己的财产，包括婚前和婚后的。一方婚前或者婚后对外承担的债务，由他自己负责，另一方不需要承担。而我国婚姻法规定的法定夫妻财产关系制度是共同财产制，刚好相反，如果没有专门的约定，夫妻婚后的财产由双方共同所有，婚后债务往往也由双方共同偿还。所以，佛山公司能不能用佛山这套房产实现债权，基本上取决于法院要用哪里的法律来审理。而我国法律规定，夫妻财产关系，当事人没有选择法律的，适用夫妻共同经常居所地法律；没有共同经常居所地的，适用他们共同的国籍国法律。

根据胡先生夫妇共同的国籍国法律，也就是英国法律的夫妻财产关系制度，这处房产应属于胡先生妻子个人所有，胡先生对佛山公司的债务不能用胡先生妻子的财产偿还。

在商事交往中，一些境外人士为了建立良好的信任担保，或者为了证明自己的实力和诚意，可能会向你展示他在中国境内的一些资产情况。这时候，你要了解对方是哪里的人，这些资产的权属是谁的，如果不是他本人的，终究只是"水中月，镜中花"。即使像胡先生那样把房产证给了你，也是不产生任何权利担保效力的。特别是房屋、汽车等需要办理相应公示手续的财产，即使是他本人的，也要依法办理法定手续才有法律上的保障。

现实生活里，由于佛山毗邻港澳，港澳人士与内地人士联姻是很平常的事儿。香港法制沿袭英国法，规定夫妻财产关系制度是分别财产制；澳门的夫妻财产关系则规定了取得财产分享制、取得共同财产制、一般共同财产制、分别财产制四种法定财产制度，分别适用不同的债务承担制度，两口子选择了哪一种，不好说。所以，如果遇到境外人士拿给你一本权属证书说要出具担保，最靠谱的还是正式办理一下公证或者抵押登记手续。

（作者：陈治艳）

如何打开涉外票据正确的使用模式

经济贸易活动中，我们经常会用到票据。票据的流通以商业信用的方式完成支付，大大提升了商业活动的效率和活力。可是，当我们遇到一张涉外票据时，应该注意些什么呢？涉外票据，是指出票、背书、承兑、保证、付款等行为中，既有发生在我国境内又有发生在我国境外的票据。顺德的李先生就拿到了这样一张票据。

李先生是一位个体工商户业主。这一天，客户给了他一张支票偿还欠他的货款。他发现这张支票与平日的不同，仔细一看，原来是一张香港某银行印制的支票，上面记载着出票人叫金某，付款人就是该银行。这支票还真的与内地的不一样，它没有出票日期，却有个到期日。于是，李先生一直等到支票到期后才委托当地中国银行办理兑付手续。几天后，银行通知李先生，这张支票被支付银行退回了。李先生急了，马上找到那位客户，经客户介绍，原来出票人金某是一位韩裔美国人，长期在中国做生意。李先生找到这位金某，金某承认支票被退票是因为他当时在银行的账户余额不足。于是李先生去找自己的客户要货款，折腾了几个月没要到。这才想起拿着支票去法院，把金某给告了。然而法院却驳回了他的诉讼请求，因为我国票据法规定，持票人自出票日起六个月内不行使对支票出票人的权利，票据权利消灭。李先生这张支票没有出票日期，即使从支票到期日起算，李先生起诉的时间也超出了六个月。

李先生的经历告诉我们：

首先，对于票据要有充分的认识，每一项制度都有它的利弊，票据依赖商业信用流通，但一起流通的，还有不断被转嫁的失信风险。我们在享受它带来的便利的同时，也要小心谨慎，尽量避免风险的发生。

其次，由于涉外票据的流通环节可能发生在我国境内，也有可能发生在我国境外，这就决定了同一张票据的整个使用过程将适用不同国家或地区的法律。世界票据法律制度大致分为以英国票据法为蓝本的英美法系和以国际公约《日内瓦统一法》为蓝本的大陆法系，两大法系之间的许多规定是不同的，适用不同地方的法律，其效果也就可能不同。比如说李先生这张支票，由于没有出票日期，根据我国票据法的规定，它是一张无效支票；但根据香港法的规定，出票日期并不影响它的效力。那么，怎么知道哪个环节应该适用哪里的法律呢？可以上网查询《中华人民共和国票据法》第五章，那里可以找到答案。

最后提醒大家的是，由于持票人是最后拿到票据的人，往往已经无法改变票据的出票人、出票时间、付款人等影响法律适用的记载事项，所以，如果想通过行使票据权利实现自己的债权，就应该尽早主张，以免因时间延误而落空。当然，票据权利的追索期限过了也不用慌，持票人还是可以请求出票人或者承兑人返还相当的利益。而且，票据权利的落空也不影响直接向基础关系的债务人追讨。也就是说，虽然李先生输了票据官司追不到金某，但他还可以继续向他的客户追讨货款。

（作者：陈治艳）

走出去的员工，是泼出去的水吗

从全球经济一体化到鼓励企业"走出去"，再到"一带一路"战略部署不断推进，许多走出国门的中国企业向海外驻点派出员工，已经不是什么新鲜事儿了。然而，海外队伍不好带，一些外派人员中途跳槽离职，或者虽然不离职，但工作不称职，甚至给公司造成损失时有发生。那么，企业是中国的，员工也是中国的，只是在国外上班，双方的劳资关系，中国劳动法还管不管得着呢？

秦某是佛山某大型企业的员工，某一年春节过后，被公司外派到了越南，负责一个工地的桩基础工程施工管理。一年后，秦某回国把公司告了，因为在越南工作期间，公司只给了他底薪，双方事先说好的提成工资分文未付。堂堂一家大型跨国企业，怎么会不信守承诺呢？公司解释道，秦某在负责桩基础工作时，因为指挥不当，先后损坏了几十米的桩，到头来建设方都信不过公司了，剩下的工程找了别的公司做。公司觉得他水平不行，还造成了极差的声誉影响，所以扣了他的提成工资当赔偿。

公司到底可不可以扣、该不该扣、怎么扣，双方引经据典争执不休。这时，法官说了：你们都找错法律了，这个案件，要看看越南法怎么规定！

中国公司派自己的中国籍员工去自己承建的工地上工作，居然要用外国法来定案？是的。根据《中华人民共和国涉外民事关系法律适用法》第四十三条的规定，劳动合同适用劳动者工作地法律。秦某作为公司的员工在越南上班，这个案例要适用《越南社会主义共和国劳动法》来处理。而越南劳动法明确规定，除非双方有协议，或者劳动者存在故意或者重大过失，否则劳动者对企业在经营过程中发生的损耗或者经营风险，无须承担责任。秦某虽然在工作中给公司造成了损失，但他没有故意或者重大过失，相对于总工程而言，几十米桩的损耗量也在合理范围内。至于建设方提前终止合作的经营风险，更不能直接由秦某承担后果。最后，公司不得不向秦某支付了全部提成工资。

毫无疑问，公司的直接损失和间接损失都是不小的。但按照法律，又确实无法追究到秦某身上。那么，作为有外派劳务的企业，应该注意些什么呢？

首先，一般而言，劳动合同都是企业提供的格式文本，企业要慎重对待与外派劳动力签订的劳动合同，可以适当约定，因为行为不当而导致用人单位损失时，劳动者应该承担相应的责任，以此增强劳动者的责任心。

其次，一般国家都会要求国内劳资关系适用本国法律，而对于涉外劳动关系，则往往会在允许双方自行选择准据法的同时，设置强制性的规定。我国法律则明确规定，规范劳动关系的是劳动者工作地法律。也就是说，在我国，涉外劳动关系准据法的选择，不以企业和劳动者的国籍为准，也不允许双方协商约定，劳动者的工作地在哪里，就适用哪里的法律。因此企业有必要对用工所在国家的相关法律有所了解，以免日后被动。

最后，我们说，法律不外乎人情。以制度规范管理，还要以共情留住人才。无论是高管还是普通工人，走出国门的企业员工往往就代表着企业甚至国家的形象。所以，提高外派人员的素质和能力，增强他们的归属感和稳定性，对企业的发展也是至关重要的。

（作者：陈治艳）

第八章

程序法问题

躲起来的被告，如何找回来

生活在这个时代，仿佛只要你愿意，就可以随时连线世界上任何一个人。可是有一种人，就像断了线的电话，你可能真的打不通、找不着，那就是商事纠纷中的境外当事人。被告躲起来了，法律能帮着找回来吗？

佛山高明某公司销售了一批电器给 A 国某公司，却迟迟没有收到货款。不仅如此，对方似乎还玩起了失踪。无奈高明某公司把 A 国某公司告到了法院。可是立案三个月后，法院来电话说，根据高明某公司提供的联系方法，联系不到 A 国某公司，寄出去的材料也石沉大海，没成功送达。

什么是送达呢？我们知道，打官司必须有原告和被告，把原告的诉求以及相关材料送达给被告，是每一场官司必经的步骤。送达送达，不仅要送出去，还要确定到达对方才行。至于怎样才算是送达完成，世界各国有自己的规则和标准，有的国家要求一定要真正送到被告手上，有的则允许所谓的法律拟制送达，是指虽然对方没有收到，但只要符合法定的条件，就视同对方已收到。而在涉外案件中，由于涉及他国公民和企业的诉讼权益，国际诉讼法要求对送达付出更多的努力。我国诉讼法就规定了对在境内没有住所的被告，至少还要进行公约送达或者外交途径送达。

高明某公司的案件就用了外交途径送达方式。大半年以后，经外交途径送出去的诉讼材料转了一圈又回来了，还是没能送达成功。最后法院进行了公告送达。公告送达是用公开宣告的方式送达诉讼文书，公告满一定期限后就视为送达，并不要求对方确实收到。就这样，又过去了几个月，终于等来了正式开庭。这时，距离立案已经过去了一年多。由于对方并没有实际收到材料，也没有出现在法庭的被告席上，法官说，如无意外，将来的判决书还需要进行公告送达。也就是说，高明某公司还要等待相当一段时间才可能拿到一份生效判决。

许多人不知道，在涉外案件中，无论是商事仲裁还是司法途径，送达都是一个老大难问题。那么，是不是在遇到这种异国遁地老鼠时，中国企业就只能被动承受这种煎熬了呢？

不是的。近年来，人民法院为了提高送达效率，不断健全送达制度，明确送达标准，其中一项很重要的制度就是当事人送达地址确认制度。送达地址确认制度往往在诉讼初期由双方当事人配合完成，但对于玩失踪的当事人，就要靠原告事先留点心眼儿了。根据相关制度要求，只要高明某公司在与 A 国某公司签订买卖合同时，明确约定一个材料送达条款，万一后来对方玩失踪，人民法院就可以直接按双方约定的材料接收地址邮寄送达，即使被退回，也同样视为送达成功，而无须再考虑其他送达方式。

事实上，在合同中约定送达条款，不仅可以有效解决双方日后可能产生的纠纷争议送达难题，而且可以确保合同便捷、高效地履行，特别是负有交付资料、通知义务或者享有约定解除权时，有效送达至关重要。因此，建议在国际商事合同中约定送达地址并确认其法律责任，通过规范化、模板化的合同条款约束合作伙伴履行诚信义务和承担法律责任，远离跨国纠纷的困扰。

送达条款的内容包括当事人的联系信息、文书的送达地址和方式等，其中有两项内容务必明确：一是送达地址变更的及时告知义务；二是因约定的送达地址不准确、送达地址变更后未及时告知，以及当事人或指定的接收人拒绝签收而导致无法送达时，如何"视为送达"的判断标准。合同内容的完整准确表述，将更好地保护双方的权益。

（作者：陈治艳）

还要办证明手续的证据

"证明责任乃诉讼的脊梁。"那么，是不是手里有证据，就一定能打赢官司呢？在涉外纠纷中，极有可能因为没有给证据文件办理必要的手续，让自己手头的证据瞬间变成废品。

香港某公司在佛山起诉了南海某公司，说与南海公司生意往来三年多了，现南海公司拖欠了 6 万多港元货款，请求还款。案件审理的剧情几经迂回，就在香港公司看到了胜利的曙光时，南海公司指出，唯一用来证明拖欠货款金额的交易单据，他们之前没见过，而且都是形成于香港的文件，未办理公证转递手续，没有证明力，他们也不认可。由于没有这部分证据，无法查明南海公司实际欠了多少货款，于是法院要求香港公司限期补办证据的公证手续。

这就是域外证据的公证认证制度。在涉外诉讼案件中，由于司法权的限制，法院对形成于本法域之外的证据的真伪判断比较困难，为了加强域外证据作为证据的真实性，多数国家法律都对域外证据的使用作出特别规定。我国相关司法也规定，在外国形成的证据，需要所在国公证机关公证，我国驻该国使领馆认证；证据是在香港、澳门、台湾地区形成的，应当履行相关的证明、转递手续。办理公证和认证手续都会产生费用，而且收费不低。香港公司核算下来，那一大沓债权证明文件的公证转递费用竟高达 3 万多港元，面对着要再花 3 万港元的诉讼成本去争取 6 万港元的债权，香港公司退却了，没有补办公证手续，它的案件也就因为证据不足而败诉了。

世界上只有极少的国家直接把域外证据与域内证据同等对待

而不作特别限定，所以，如果参与了国际（区际）诉讼，就极可能要面临证据的公证认证。有些国家，如罗马尼亚、加拿大等，很严格地要求必须办理，否则你的证据可能将不被法庭采信。有的国家则像我国目前司法实践一样，认为公证认证只是对证据真实性的增强，可以酌情确定是否要办理。然而一般人在从事贸易业务时很难预料之后太多太细的事情，所以，为了避免陷入像香港公司那样的窘境，我们有必要了解一些相关的常识和做法：

首先，如果真的打了跨国官司，一般而言，以下的材料是要办理公证认证手续的，如证明诉讼主体资格的证据、外文证据的译本。在中国内地，还包括人民法院认为确需办理的其他证据，特别是对方不确认、法院又无法根据其他证据加以确信的证据。人民法院在审理过程中发现需要办理公证认证的，一般会允许限期补办。

其次，在实务中，可以适当对商务文件的形成过程加以留意。因为这些文件一旦进入了诉讼就叫做证据，文件在哪里形成，是决定是否需要办理公证认证的前提条件。假设我们跟国外的合作伙伴签订一份国际商务合同，无论是用网络电子途径、传真还是最传统的纸质文本往来，如果最终签署的行为是在中国境内作出，那么这份合同就不属于域外证据。

另外，公证认证的费用再昂贵，正常而言都是按份收取的，证据的数量往往决定着费用的金额，所以，在持续性交易行为过程中，阶段性地进行业务的确认显得很重要。比如上述案例，如果香港公司在双方贸易正常运作期间，有意识定期与对方进行完整、明晰的业务量确认，则根本无须再把所有实际发生的票据和单证材料作为证据提交法院，就不至于面对 3 万多港元的公证费用的问题。

（作者：陈治艳）

躲得了初一，躲不了十五

听说在美国没有"执行难"问题，那么如果在国外输了官司，躲在国内是不是就平安无事了呢？

顺德某贸易公司黄老板，为人耿直，平生连中国的法院都没进过，却被美国客户公司告上了美国的法院。他根本不打算理睬这一撂从太平洋彼岸寄来的纸张，打了个越洋电话把客户骂了一通后，就把这个事儿抛到了后脑勺。甚至收到了美国法院的判决书，他也不当一回事，反正以后不去美国就是了，他在外国又没有什么资产，看美国人拿他怎么样，还不是隔着个"深深太平洋深深叹息"！

还真的是"一波还未平息，一波又来侵袭"。一天，黄老板又收到了一套诉讼文书，这一回，竟然是当地人民法院送来的。没招谁也没惹谁，法院怎么找上门来了？定晴一看，原来他的美国客户拿着美国法院判决漂洋过海，来中国申请承认与执行了！

判决的承认与执行，是一项重要的国际民事诉讼制度，由本国法院对外国法院作出的判决予以认可，承认其在本国的法律效力，然后对住在本国的义务人强制执行。可以由当事人申请，也可能由外国法院直接向本国法院请求。除了司法判决，依法生效的仲裁裁决也可以申请承认与执行。由于各国的司法权都是独立的，所以在国际上，国与国之间对司法判决和仲裁裁决的互相承认与执行，都是基于共同加入了相关的国际公约，或者签订了双边或多边条约，或者双方存在互惠关系。过去，中国法院承认外国法院的判决为数不多。近年来，越来越多的中国企业走出海外，甚至在外国法院当了原告与国内的企业打官司，中国法院承认外国法院判决的情形有所变化。中国法院在 2017 年就有过承认美国法院判决的案例，这意味着黄老板客户的这个美国法院判决也有可能被中国法院承认与执行。黄老板惊出一身冷汗，不得不赶紧聘请了专业律师，在家门口背水一战。

黄老板的美国判决最后如何处理，自有人民法院裁定，他的被动挨打是自找的，请大家引以为鉴：

首先，认真对待境外的官司，一旦发生纠纷，除非你认为确实没什么好争取的，也不想了解相关诉讼细节，否则应当积极应诉。过去，许多中国企业往往选择缺席外国诉讼，极可能令自己直面败诉结果。因为一些国家和地区规定，缺席诉讼不仅视为放弃权利，还视同对原告诉求的认可，直接导致败诉。我们比较多见到的，就是香港法院的"不应诉判决"，一页纸，几行字，言简意赅，定纷止争。一经判决，想再推翻，几乎不可能。

其次，认真对待仲裁裁决和外国判决的承认与执行。这个程序相当于中国法院对外国案件的二次审理，企业可以适当进行抗辩，尤其是程序方面的问题。比如说，黄老板这个美国案件在送达程序上就可能存在值得法院考量的因素，中美两国均是《海牙送达公约》成员国，中国在加入公约时声明，反对外国法院在我国境内采用直接邮寄送达。也就是说，这个美国法院判决可能会因为程序问题而不被中国法院承认。当然，由于承认与执行程序不会再对争议问题进行实体性审查，如果你干等着到了这个阶段才跟对方真刀实枪，往往已近绝境，回天乏力。

最后，建议"走出去"企业了解并运用相关国家和地区的仲裁裁决与法院判决承认与执行制度，不仅可以在与国内企业产生纠纷后寻求祖国的司法保护，也可以在与其他国家的企业产生的纠纷中寻求登记地国的司法保护。

（作者：陈治艳）

不要轻易放弃选择中国法院管辖

顺德的黄老板被美国法院的判决追到了家门口很狼狈。那么，在从事涉外商事活动中，我们有什么办法避免冷不防被外国法院传票袭中吗？

天有不测之风云。这天，童服城的蔡经理也收到了当地法院送来的一套诉讼文书。仔细翻看，居然是他合作多年的澳大利亚商业伙伴把他给告了。原来，蔡经理开办的服装厂一直与澳大利亚某公司有良好的服装贸易关系，可是几个月前的一批货出了点小麻烦，据说是入境检验时被拦下来了，于是澳大利亚公司没有按时支付货款。蔡经理有点不爽，于是也按下了准备发出的第二批货。几经协商不见有进展，一时间合作愉快的老朋友陷入了僵局。可是，蔡经理万万没想到，没有任何迹象，对方把自己变成了异国被告。

蔡经理很头疼，因为他听说了，如果不应诉，按照澳大利亚的法律，他极有可能直接败诉，到头来连说理的机会都没了。但如果应诉，先不说到最后是输是赢，这来回差旅费、律师费就是一笔大支出。而且，在一个人生地不熟的国度打官司，想起来就一阵阵无名惊慌。

这时候，有律师朋友提醒蔡经理，一般打官司，都是原告迁就被告的，怎么你的客户在自己的国家做起了原告？先跟对方提管辖权异议！可是，律师朋友仔细查阅了蔡经理手上的合同后沉默了。合同上清晰地约定：因本合同产生的争议，由澳大利亚某地法院管辖！而澳大利亚公司就是在这家法院提起的诉讼。蔡经理当初急于开拓业务，根本就没有留意到这行字，更没有考虑过万一产生纠纷应该怎么办。如今无论如何，这个跨国官司肯定够他折腾好几年的了。

蔡经理的遭遇提醒我们：

首先，在涉外贸易活动中，一定要记住与对方明确解决纠纷的方式。在双方积极信赖时，许多问题都不是问题，而当信任基础崩盘了，纠纷解决机制的缺失将可能令自己在毫无防备的情况下陷入跨国诉讼的泥潭。尤其是"走出去"企业，绝大多数纠纷都不可能指引回中国司法机关处理。

其次，选择的纠纷解决途径，不仅指确定管辖的法院，还可以找仲裁机构进行商事仲裁。与诉讼相比，仲裁注重当事人意思自治，双方可以就仲裁地点、仲裁庭组成、仲裁语言等自由协商确定，所谓"在法律允许范围内，你想怎么干就怎么干"；仲裁受某一国公权力的干预较少，也不用考虑国家司法管辖制度的各种限制，日后也更容易得到相关国家的承认与执行；由于仲裁程序体现了双方当事人的许多合意，仲裁裁决往往也更容易得到自觉履行；仲裁的"一裁终局"也可以节省解决纠纷的时间成本；仲裁以不公开审理为原则，有关的仲裁法律和仲裁规则还规定了仲裁员及仲裁秘书人员的保密义务，当事人的商业秘密、贸易活动和裁决结果不会因为仲裁活动而泄露。综上，商事仲裁对解决国际商事纠纷具有独特的优势。在选择仲裁时，尽可能约定对自己有利的仲裁条款，可争取选择中国仲裁机构仲裁，或者在仲裁地上争取，约定我国或者与我国具有地缘、语言、文化等关系的国家，或者要求选任一定比例的中国籍仲裁员，避免语言沟通障碍、法律观念差异等隐形风险。

如果你要选择司法管辖，不要轻易放弃选择中国法院的管辖，最起码给自己保留一个在祖国寻求法律保护的机会。与单一法域域内诉讼不同，国际（区际）诉讼法允许双方当事人选择一个以上国家或地区的法院作为纠纷解决方式，一旦将来当真要打官司了，你就可以选择向合同约定的对自己最有利的地方寻求司法救济。

最后，诉讼（仲裁）成本也是在选择纠纷解决方式时必须综合考量的。曾经有过一个案例，以色列某公司与佛山某公司在履行合同过程中发生了纠纷，合同约定了因该合同发生的争议由新加坡国际仲裁中心仲裁，而争议标的额远远低于仲裁的成本，即使打赢了官司得到了赔偿，也显然得不偿失。同样，蔡经理的跨国官司也面临着经济和时间成本的付出。因此，在签订合同时应当对纠纷的解决方式考虑尽量多的因素，如纠纷解决机构的距离、相关程序的复杂程度、诉讼（仲裁）费用和当地律师费的计收标准等。

（作者：陈治艳、曹永明、邵建华）

第九章

若干骗术漫谈

银行账户、老婆和车子

交友须谨慎，生意要认真。
哥俩天天好，卖的就是您。

我给大家讲一个夏老板账户被利用而损失 20 多万元的案例。

夏老板在深圳做服装出口生意，生意很兴隆，在香港也开了账户。为了做生意，夏老板交了很多外国朋友，其中有个叫安吉尔的人与夏老板最好。虽然两个人之间的生意不多，但经常在一起泡酒吧。

有一天，夏老板收到香港某法院寄来的两大捆材料。打开一看，里面有传票、诉状和冻结令等文件。冻结令告知夏老板在香港开立的账户已经被冻结。诉状里面说，一个姓梅的女孩与一个黑人谈恋爱，黑人许诺给她买一颗南非钻石，价值 35 万元人民币，黑人男朋友只有 10 万元，要求香港梅小姐将 25 万元人民币打进指定账户，结果梅小姐将 25 万元打进了夏老板开立的账户后，黑人男朋友失踪了，梅小姐被骗的不仅仅是钱。

传票通知夏老板在收到材料之日起三十天内到香港聆讯，如果夏老板不参加聆讯，法院将把夏老板账户里的钱划拨给梅小姐。

夏老板赶紧通过网上银行操作香港账户，发现账户确实被冻结了。夏老板赶忙背着材料找律师咨询。

律师问夏老板，最近有没有收到 25 万元人民币的款项。夏老板说，他有一个好朋友叫安吉尔。安吉尔从他这里买了 1 万元的货，告诉他会有朋友将 25 万元打到夏老板的账户，请夏老板将多余的 24 万元打到南非的一个账户。

律师："你有跟安吉尔签合同吗？"

老板："没有，大家是朋友，就没签合同。"

律师："安吉尔有没有签送货单？"

老板："没有，大家是朋友，不好意思让他签。"

律师："你有安吉尔的护照复印件吗？"

老板："大家是在酒吧认识的，怎么可能有他的护照呢？"

律师："账户里有多少钱？"

老板："整整 25 万元。"

夏老板被骗了，还涉嫌洗钱。

如果他到香港参加聆讯，很可能有牢狱之灾。

因为他没有任何证据证明他与安吉尔的货物买卖合同关系的存在。

夏老板在这个案子中犯了哪些错误？

第一，夏老板以交朋友的方式做生意，自己以朋友的身份被卖掉。

第二，人们常说："麻雀虽小，五脏俱全"，但夏老板的生意却找不到任何证据加以证明。

第三，夏老板居然把自己的银行账户借给别人用。

总结起来看，夏老板不知道自己在和谁交易，夏老板甚至没有证据证明交易的发生，而最可怕的事情是他把自己的银行账户借给别人来收钱转钱。

律师提醒大家，在做生意的过程中，不但要知道对方是谁，还要保留好证据。重要的是，银行账户、身份证、电子邮箱、QQ

号等，和自己的老婆、车子一样，不能借给任何人用。

否则，就像"人在家中坐，祸从天上来"的说法一样，只能是怨天尤人、无济于事啊！

（作者：邵建华）

"交朋友"与"行骗"的套路

走遍天涯游遍州，人心怎比水长流。
除非桃园三结义，哪个相交到白头。

这四句诗说的是，人心难测，交朋友要谨慎。
我给大家讲一个李老板因为交朋友而被骗 600 万元的故事。

李老板是富二代，家里开厂生产牛仔裤，大学毕业后凭着在学校里学的国际贸易专业知识做牛仔服装出口生意。李老板爱交朋友，三教九流来者不拒，五行八作无所不交。李老板常说：做生意就是交朋友，交朋友就是做生意。

2005 年的某一天，李老板在广州的某商铺来了一位非洲商人，自称赞比亚人，叫 Peter。

Peter 身穿一身笔挺的老板牌西装，脖子上戴着金疙瘩做成的明晃晃的链子，手腕上戴着金灿灿的百达翡丽手表，手上戴着两颗翠绿的大戒指。他非常有礼貌地、热情地向李老板打招呼。

李老板一看，啊，真有实力呀！这个人可以交朋友！

在询问了服装产品价格之后，Peter 稍稍砍了砍价格，对李老板说："先要 500 件，价格 5 万元。现金支付。"李老板高兴，马上打包、交货，晚上请 Peter 喝酒。酒桌上，两人成了相见恨晚的老朋友。之后，三个月之内，Peter 订了七次货，每次都现金支付。

两个人真的成了无话不说的好朋友。一天，Peter 又一次来到李老板的办公室，面露难色地说："李老板，您的牛仔裤在非洲卖得很好，好多国家的客人都想要，数量非常巨大，不过我最近手头紧，没有那么多现金给你。"

李老板回答："大家是老朋友，不是每次都要现金。如果量大，我可以给你优惠。"Peter万分感激，说："这次要得多，需要6万件，不用给价格上的优惠，我每件加一块钱，先交6万块钱的诚意金，交货后三个月付款，您看可以吗？"李老板确实有点为难，600万的货，压三个月的货款，真的有点紧张。不过他想到Peter的实力，想到Peter每次付款那么及时，想到Peter这么够朋友，就答应了。加班加点生产，一个月内交货。

交货后，Peter杳无音信。李老板被骗了，600万元打了水漂。

李老板是怎么被骗的呢？大家先来对比一下交朋友的套路和骗子的套路吧！

李老板做生意的套路是：

第一步，认识，亲是亲，财是财；

第二步，加深认识，交朋友，互相关照；

第三步，交朋友，互相帮助，为朋友两肋插刀；

诈骗三部曲：

第一步，显示实力，表现信用，交朋友；

第二步，小额交易，信守承诺，成为可以信赖的朋友；

第三步，以友谊和信任为基础，大规模交易，大规模赊账，然后潜逃。

从上面的两个套路来看，李老板交朋友做生意的套路和骗子行骗的套路完全吻合，或者可以说李老板做生意的套路和骗子行骗的套路是同一个套路！

这个故事告诉我们，以交朋友的方式做生意必然导致以做生意的方式交朋友，而这样交来的朋友终将是要被出卖的。

古人云："君子之交淡如水。"生意就是生意，友谊就是友谊。如果混淆到一起，你就不是一个合格的生意人。所以，以交朋友的方式做生意，不但交不到真正的朋友，甚至可能招来横祸。

（作者：邵建华）

瞒天过海

备周则意怠；常见则不疑。阴在阳之内，不在阳之对。太阳，太阴。

这是三十六计中的第一计，说的是以为准备周全的时候往往容易松懈，经常见到的东西，会怠于怀疑，在光天化日之下的东西里面可以藏匿天大的机密。

我给大家讲一个吴老师因相信朋友而锒铛入狱的故事。

吴老师是某大学的英文老师。因为她的工作不需要坐班，所以自己开了一间外国商品零售店。吴老师认识一位菲律宾朋友叫桑托斯。两个人关系很好，经常在一起喝酒、聊天。桑托斯曾经问吴老师喜不喜欢"溜冰"（吸食冰毒）。吴老师当然不吸毒，不过碍于朋友面子，一笑了之。桑托斯经常帮她从菲律宾进货，有时候是芒果干，有时候是麻织品女士挎包。吴老师很喜欢这个无话不说的朋友。

有一天，桑托斯从菲律宾打电话过来说，这段时间他不会来中国了，不过要邮寄一点菲律宾芒果干给吴老师。另外，桑托斯还把两包菲律宾雪茄用同一个包裹寄过来。等包裹到了，请吴老师将包裹里的雪茄捎给一个叫穆巴拉克的中东人。吴老师高兴地答应了。

一个星期之后，包裹到了。正当吴老师整理包裹里的雪茄时，五六个警察闯进了吴老师的店里，不容分说，警察将吴老师扑倒在地，用手铐铐住了吴老师的双手。警察指着包裹问：这是你的包裹吗？警察将包裹里的雪茄拿出来一支，用力掰开，里面漏出粉末状物质。警察问吴老师，这是什么？吴老师吓坏了，说不知道。警察说，不知道？你的东西你不知道里面是什么？那个白色的粉末是海洛因，你涉嫌贩卖毒品！

虽然因为协助警察找到了穆巴拉克并将他绳之以法，但吴老师还是被拘留了三十天。一个大学老师被拘留三十天，吴老师遭受巨大的精神打击和名誉损失。她泪流满面，痛苦万分。

这是一个关于所谓交朋友的故事，也是一个关于法律的故事。我们本来可以将这两件事情分开来讲，但是在提醒大家法律风险的时候，真的很难将这两件事情割裂开来。连续几个骗术都跟朋友有关，是不是所有的朋友都是骗子啊？当然不是。只是，骗子经常会通过交朋友的方式拉近跟你的关系，取得你的信任，然后才骗你。其实这样的人根本就不是朋友，只是披着朋友的外衣。

不要向那些半生不熟的新知滥施你的友情。做生意其实是走江湖，你和我都不会降龙十八掌，但是如果你能学一点法律，学会法律后面的智慧，你就会知道你与周围的人、事、物处在一个什么结构当中，这个结构可能会给你带来什么好处，带来什么风险。

就如同走在马路上，随时提醒自己走在什么地方，会不会有刹不住闸的大货车，会不会有顺手牵羊的"摩托佬"。

（作者：邵建华）

做 媒

吾乃清风逍遥神，纵鹿寻天伴月魂。
缠缠绵绵做琴韵，甜甜蜜蜜化酒醇。
世人皆道情爱苦，谁人见之避三分。
若能渡得天仙配，不枉吾发月老吟。

下面我给大家讲的骗术叫做"做媒"。

话说 2012 年 5 月的一天，佛山某贸易有限公司的季老板接到自称是美国佛罗里达州亨德逊先生的电子邮件。邮件说，亨德逊先生是某高科技公司的推销员，该公司生产一种"高级防化膜"，在海产养殖等方面有市场，市场价格每米 30 多元，希望季老板能帮他们打开中国市场，先做广东省代理。邮件附件中还给季老板发来了产品图片和说明。季老板很高兴，准备先做一些市场调查，然后再与亨德逊签订代理合同。

第二天，来了一位姓马的客人，询问是否有一种美国产的防化膜，说是急着用，到处找不到。季老板询问客人需要多少。客人回答，需要 35 000 米。季老板非常高兴，告诉客人第二天回复。刚刚接待完姓马的客人，又接到一位姓胡的客人电话。胡某非常着急，说是急着要那个产品，需要 4 万米。

看到天上掉下来的机会，季老板兴奋不已，赶忙给亨德逊打电话，说现在先要 10 万米。亨德逊告诉季老板，现在广州有现货6 000 米，其余货物在路上，五天之内可以到南沙港。美国公司在广州的联系人叫安德森。季老板可以到广州小北路与安德森先生

联络，先签合同，付定金，五天之内提货。

季老板立即给姓马的客人打电话，要求他一起看货。姓马的客人随即跟季老板来到小北路。安德森先生接待了他们。姓马的客人见到货后马上给季老板付定金1万元，说手上钱不多，只能先给1万元定金，货到付款。季老板看到这样的好机会当即与安德森签订了合同，支付定金50万元。

五天后，安德森给季老板打电话，要求季老板到南沙港提货，支付余款150万元。季老板付了余款，把货运回自己的仓库。当季老板给两个客人打电话时，电话已经关机。季老板赶忙到市场上调查，发现所谓的防化膜只是普通的塑料薄膜，价格也只是几元钱一米。

季老板被骗了，被骗了200万元。季老板做了媒人，也就倒了霉了。

季老板是怎么被骗的呢？总结起来季老板被骗的原因有三：

第一，季老板不了解卖方是谁，轻信所谓的美国人；

第二，季老板不知道买方是谁，被拙劣的表演蒙住了双眼，人家见钱眼开，他见钱闭眼；

第三，季老板不知道货物是什么，轻信所谓的高科技产品。

律师告诉季老板，不要难过，但要吸取教训。做生意时要多像律师那样思考问题，尽量抑制商人的思维习惯。

律师考虑的多是风险，多想到风险就会有备无患；而商人的着眼点更多的是逐利，就是赚钱，有些时候会利令智昏。

（作者：邵建华）

万朵桃花开

堆金积玉。日日悭贪心未足。
足上何求。直待荒郊卧土丘。
回头有路。争奈愚人迷不悟。
若悟回头。免了前程无限愁。

这是元代尹志平的诗，意思是做人不要太贪心。

我给大家讲一个张小姐被天上掉下来的馅饼砸得死去活来的故事。

张小姐是某外语外贸大学毕业的，毕业刚刚三年就开起了自己的外贸公司，生意做得风生水起，有很多外国客户。张小姐做生意有很多体会，她还有个名言叫做：人无偏财不富，马无夜草不肥。

2017年4月的一天，张小姐收到一封来自芭芭拉的电子邮件。邮件的内容是：我是来自刚果金的芭芭拉，您发来的货物我公司已经收到。我司要将余款87 000美元支付给贵司，请贵司确认账户。张小姐查阅了所有的合同，发现没有叫做芭芭拉的客户。又询问下属，下属也说没有这个客户。张小姐恍然大悟，很可能是这个芭芭拉把张小姐当成了别的供货商，要付钱。

张小姐激动不已，赶忙回复邮件：非常感谢您的邮件。但是您发过来的邮件里的账户是错误的，我的账户是××××。张小姐把自己的账户信息回复给芭芭拉，并且询问芭芭拉，何时可以收到货款。芭芭拉回复，很快。

可是，一个星期过去了，芭芭拉没有打钱进来。张小姐觉得好扫兴，给芭芭拉发邮件也没有回复。

三十天过去了，张小姐几乎忘记了芭芭拉的事情。突然有一天早上，张小姐发现自己账户里的30万元全部被转走了，进入波多黎各的一个账户。张小姐急忙给银行打电话。银行说，张小姐前一天晚上自己通过手机银行将钱转出去的，实时到账，银行没有任何办法。

张小姐这回真的明白了，自己的手机银行被黑掉了，一定是那个芭芭拉。因为自己一时贪心，将账户信息全部告诉了芭芭拉，自己在操作手机银行时被植入病毒，骗子用盗窃软件将自己账户里的钱全数转走了。

张小姐被骗了。张小姐被骗的原因就是她的格言：人无偏财不富，马无夜草不肥。她的这个格言使她认为天上能够掉下馅饼来，天上掉下的馅饼能够让她吃饱吃肥。

张小姐为什么被骗呢？一个字"贪"，两个字"贪婪"，三个字"不厚道"。

商人本来是逐利的，赚钱是本职工作。但是，张小姐最大的错就是想把本来不属于自己的钱变成自己的钱。而骗子就利用了张小姐这个弱点。

孔子曰："富与贵，是人之所欲也，不以其道得之，不处也。""君子爱财，取之有道。"意思是说：有钱有地位，这是人人都向往的，但如果不是用合乎天道的方式得来，贤德圣明的人是不接受的。贤德圣明的人也喜欢财富，但一定是用符合天道的方式来取得的。

一般来讲，天上是不会掉馅饼的，天上掉下来的更多的是人家丢来的铁饼，小心你的头。

（作者：邵建华）

报关时不知有夹藏品是走私吗

应某采用伪报品名的方式，通过进境备案的手段进口了废旧电子产品等货物，却不知道其所走私的废旧电子产品中还夹藏了进口胶带、轴承等普通货物，其后检察机关以走私废物罪、走私普通货物罪提请数罪并罚，最终法院是怎么认定的呢？

自 2010 年 4 月起，应某为牟取非法利益，采用伪报品名等方法为他人办理走私废旧电子产品的通关和运输事宜，并按照废旧电子产品进口数量计算报酬。2011 年 4 月 11 日，海关缉私部门查封、扣押了应某的 20 个集装箱。经清理和鉴别，上述走私货物主要为危险类废物、国家禁止进口和限制进口的固体废物，另外还有胶带、轴承等少量普通货物分散在各集装箱内，涉及税额人民币 70 余万元。4 月 12 日，应某被抓获，并如实供述了上述事实。海关缉私部门追缴赃款人民币 300 万元。

检察机关认为：应某违反海关法规，逃避海关监管，采用伪报品名的方式进口固体废物、普通货物偷逃应缴税额 74 万余元，且情节特别严重，偷逃应缴税额特别巨大，其行为已构成走私废物罪、走私普通货物罪。

律师团队接受应某家属委托后，通过会见被告人及细致审核、论证相关证据，认为应某等人并非货源组织者，也不是收货人（或者货主），只是作为代理进口商负责废旧电子产品的通关业务，其并不明知所走私的废旧电子产品中还夹藏胶带、轴承等普通货物，故其主观上不具有走私普通货物的故意，其行为不构成走私普通货物罪。且被告人还具有坦白情节，积极退赃，未造成实际危害后果，请求法院依法从轻处罚。

最终法院部分采纳律师团队的辩护意见，将应某主观上不明知废物中夹藏有 70 余万元普通货物作为走私废物罪的量刑情节，酌情从轻处罚。判决被告人的行为不构成走私普通货物罪，仅构成走私废物罪并没收了追缴到的赃款和扣押的走私货物。

律师希望通过此案例，能够警示各位从事进口报关业务的老板，随着国家对环保执法的加强，对进口废物管理也越发严格，各位老板一定要严格按照海关规定和法律法规根据进口货物的实际情况进行申报，切勿为了一时私利铤而走险，否则难逃法网。

（作者：王利伟）

挂名香港股东，引祸上身

林某只是一个每月拿2 500元工资的员工，因为担任了一家香港公司的挂名股东，并代替幕后老板向银行递送单据，被公安机关刑事拘留了，这是为什么呢？

话说林某的老板以四家深圳市的进出口有限公司名义，采用伪造委托代理协议、货物进口合同、更换贸易主体等手法，办理购汇业务汇往境外，累计折合人民币约12亿元，其中部分资金汇入了老板用林某的身份在香港注册成立的公司，这一过程中林某受老板安排代其向银行递送单据。

公诉机关认为，林某违反国家外汇管理规定，虚构委托代理进口关系，伪造进口合同骗购外汇折合人民币12亿元，犯罪事实清楚，证据确实充分，数额特别巨大，应当以骗购外汇罪追究其刑事责任。

律师团队接受林某家属的委托后，通过细致审核及论证证据，发现林某在整个过程中只是参与了向银行递送单据的环节，对与银行洽谈和购汇资金的来源和流向等并不知情，向银行递交单据也是接受他人的指使和安排，林某在其中只是打工的角色，月工资收入只有2 500元，没有任何的提成收入，不应成为主犯。

庭审中，律师团队整理了相关证据材料并向法院说明应仅按照林某直接参与骗汇累计人民币1亿多元而填写的单据金额来认定其犯罪数额。虽然幕后老板利用了林某的账户和身份在香港开设了案涉公司，但是林某并没有实际管理该公司，恰恰证明幕后老板的反侦查能力很强，林某在本案中处于次要的作用和从属的地位，请求从轻判决。

最终林某被判处有期徒刑三年并依法适用了缓刑。

在操作外贸业务和外汇交易时，一些企业或者个人可能违反法律法规，通过虚假单证、作废单证、重复使用单证等方式构造虚假交易，涉嫌逃汇套汇，情节严重的，就会像本案当事人一样可能被依法追究刑事责任。

律师在此提醒各位：在遇到类似情况时，如果确定是存在违法情形的，一定要在第一时间报警；如果不能确定，建议尽快咨询律师，避免受到牵连。本案中，林某仅因每月 2 500 元的工资报酬而帮助幕后老板去银行递送单据就被判处三年有期徒刑，实在是得不偿失。

（作者：王利伟）